双法字理

第三辑 字部·天文

一部讲述中国汉字文化根源的科普图书

白双法◎著

光明日报出版社

图书在版编目（CIP）数据

双法字理．天文 / 白双法著．— 北京：光明日报
出版社，2014.5
　　ISBN 978-7-5112-6250-9

　　Ⅰ．①双… Ⅱ．①白… Ⅲ．①汉字－文字学－研究
Ⅳ．①H12

中国版本图书馆CIP数据核字（2014）第 062760 号

双法字理 丛书．天文

著　者：白双法 著	
责任编辑：朱　宁　李壬杰	
装帧设计：肖文锦　陈　思　郑金将	责任校对：李　芬　冯　榕
策 划 人：邱德辉　贺　铮　陈忠坤	责任印制：曹　诤

出版发行：光明日报出版社

地　　址：北京市东城区珠市口东大街5号，100062

电　　话：010-67017250（咨询），67078870（发行），67078235（邮购）

传　　真：010-67078227，67078255

网　　址：http://book.gmw.cn

E－mail：gmcbs@gmw.cn lirenjie111@126.com

法律顾问：北京天驰洪范律师事务所徐波律师

印　　刷：厦门市明亮彩印有限公司

装　　订：厦门市明亮彩印有限公司

本书如有破损、缺页、装订错误，请与本社联系调换

开　本：87×1092　1/16			
字　数：208千字		印　张：15.5	
版　次：2014年5月第1版		印　次：2019年10月第3次印刷	
书　号：ISBN 978-7-5112-6250-9			
定　价：40.00 元			

出版说明

　　本书是根据白双法教授于 2010 年期间，在厦门市爱和乐教育服务有限公司录制的"双法字理讲说"视频资料的整理。

　　白双法教授多年致力于中国汉字文化的研究，对中国文字文化造诣颇深，早年曾有多种著作，也出版了不少影视作品。在这次讲说中，白双法教授并不站在与其他汉字文化和西方文字学的对立面，而是以"有所不同"的文化观做细致分析，这种思想和思维方式，是值得我们学习的。其独具见解的汉字"表意说"、"文心说"、"七字根"、"九字经"、"字族论"等，对当今学习汉字及认识中国文化，都有重要启示作用。

　　汉字有 5000 多年历史，对于岁不过百的今人，我们除了敬仰和尊重之外，没有过多评说的资格。

　　一个汉字虽然能从不同角度解说它，但数万个汉字，却不能一个字一个字单独解说清楚，它们之间是互有联系的。如何合理地将这数万个汉字有机联系起来？白双法教授很好地给我们展现了汉字之间的内在联系，由简明的"七字根"，到深厚的"汉字家族"，数十万汉字浑然一体，"小而无内，大而无外"。他将自己的这套理论，称之为"双法字理"。这种看似简单的理论，却常常被我们遗忘：它是那么明显地摆在眼前，而我们却从来没有发现过；它是那么浅显易懂，而我们却从来没有明白过；它是那么彻底地源于生活，而我们却从来没有体会过。

　　出版本书，因为这是一本还原汉字原本面貌的经典科普图书，是现代汉字研究中的一份很难能可贵的资料。本书在录影资料整理稿的基础上，由贺铮主持编撰、配图。但因其内容博大精深，编撰人员能力有限，编撰过程对白教授的汉字学问难免有所疏漏，不当之处，还请读者谅解。

2014 年 4 月

作者弁言

　　汉字是中国古老的文字，经过数千年的发展，一路由甲骨文、金文、小篆、隶书、楷书、草书、行书走来，直到我们今天所使用的简化字。汉字有其自身特有的造字规律和原则，我们称之为"汉字字理"，它有别于西方拼音文字。然而今天很少有人去重视这点，仅仅认为中国的汉字是一种文字符号而已。这不能说是一种错误，至少有一些偏差。汉字除了本身的符号性以外，还有非常重要的意义性在其背后，是数千年来中国古人劳动的结晶，智慧的体现，是中国文化灵魂的载体。

　　汉字有多少个呢？

　　汉代许慎的《说文解字》是我国最早的字典，它记录了早期汉字 9353 个。在我国古代有专门的"小学"，就是以学习汉字为主的学问。关于汉字的数量，今天有很多有志之士做过统计，都很难有个准确的数字，其大概数量为十万多。我个人的研究范围是八万五千多，这么多的汉字别说孩子们，就是我们专家教授也没办法把握。

　　那么汉字应该怎么学呢？

　　怎么能让人们，特别是让孩子们从小就把很多字认识了，而不是仅仅"认"，今天大多数人对汉字实际是"认而不识"？甚至是让更多的外国友人，更容易地学习汉字？这就要以汉字的基本造字理论为基础，结合中国本身传统文化，来认识古人造字的思想。并把它转化为我们今天学习汉字的方法。

　　关于如何认识汉字，今天普遍有两种方法。一是，这个字怎么写，横竖撇捺，念什么，什么意思，这是教知识。二是，还要说为什么，那就是教智慧的，要告诉汉字背后的故事，这是一个唤起大脑中古老的记忆、开启孩子的智慧过程。

　　在本书，读者将认识的就是双法字理识字法的体现。

署名

2012 年 4 月 6 日

汉字家族

从本辑开始，我们开始讲解"双法字理"的造字部分：汉字家族。

双法字理有两个大的概念，分别是"理"和"法"。理的概念在《双法字理》（第一辑·理部，后文简称《理部》）一书中介绍过的"字理"；法的概念则被分为两部分，"文"部、"字"部。关于"文"，在《双法字理》（第二辑·文部，后文简称《文部》）一书中，我们已经讲完了。从本书开始，我们便进入"字"部，重点介绍字的产生和字的家族，是"双法字理"继"理部"、"文部"之后的第三部分——"字部"。

双法字理中，"字"是按照家族——"字族"来讲。字族的顺序，我们还是要按照七字根中"文"的顺序来讲，仍旧是天文、地理、植物、动物、人体、器物、符号这个顺序。但要真正理解"字族"，我们的第一件事就是要把握"造字法"，就是"双法字理"的"双法"二字。

何为"双法"

双法字理涵盖的内容很多，"双法"其中主要的一项就是指"造字法"。所谓造字法，就是人们学了"文"以后，由"文"合成"字"的方法。造字法有两种，所以称为"双法"：一种是"形意"，指两个"文"在一起，合到一块用象形表达意思，没有声音辅助，这叫形意法；一种是"音意"，指两个"文"合在一块且其中有一个主管声音，并共同表达意思，这叫音意法。形意和音意这两种造字法，在《理部》中有过介绍，并提到过"九字经"。"七字根"和"九字经"是两个概念，七字根说的就是文的根，九字经说的就是造字法。

"九字经"

"九字经"中有九个字，我们其实重点掌握五个字的范例就行。这五个字分别是"日、月、明、艹（草）"四个字，以及加了草字头（艹）后萌芽的"萌"。只要把这五个字的联系掌握了，造字法就知道了。这五个字就能告诉我们，在"文"掌握了以后，造"字"就很简单了。

九字经（造字法）

双法： 形意法（左手）
      音意法（右手）

1	2	3	4	5	6	7	8	9
日	月	明	艹	萌	、	皿	血	盟

"日""月"为文，它们二字合起来组成光明的"明"，此为形意造字法；"明"与"艹（草）"组合成萌芽的"萌"，由"明"字管声音，此为音意造字法。以上便是造字的两种方法的具体展现。

关于汉字的造字法，它不是形意就是音意，不可能再有第三种，所以我们叫"双法"，一定要牢牢记住这两个造字法——形意法与音意法。学完"文"，接下来学"字"，尤其是字的家族，掌握了"文"，掌握了造字法，那么我们接下来就要用有限的"文"来造无数的"字"，来发现这无数汉字的秘密。

"文"在造字时的变化

"文"本身就是汉字，有时这个"文"会变形，因为它要组合再造字时会受到书写空间的限制。比方"人"字本来是一撇一捺，它要再造字的时候，捺与右边造字的其他部分会相互影响，使书写不够美观，于是就把捺笔变成竖笔，"人"变为"亻"，我们叫单立人，好像一个人侧立的感觉。"亻"还是"人"字，但它只用在造字上，所以要注意"文"在造字时有变形的情况。

比如，仁慈的"仁"左边的"亻"，就是从"人"变化而来，也就是说"仁"是音意造字法造的，"亻"是读音符号。

字族——汉字的家族观

什么是字族？

汉字是一个大的概念，每个字并不是零散的、一个一个的。整个汉字体系是按照一个一个的族群组合起来的庞大王国。所以我们识字法先讲了"文"要"单字看图"。"文"主要是象形字，所以要看图形，而且有顺序，然后再看"字"。那么关于字族中无数的"字"，则一定要按"族"来学，这为"群字分族"，而且也与"文"的顺序同样，共分"天文类、地理类、植物类、动物类、人体类、器物类、符号类"七类。

汉字的认识，首先我们要在脑子里建立这个"汉字家族"的概念。

汉字的家族和人的家族一样，有大家族，有小家族；有的家族可能几十号成员，甚至上百号成员，而有的家族可能只有一两个成员；有的延展得少，不能称其为家族，则更像是人口极少的家庭。有的虽然常用，但它没造什么字，特别是在常用字当中它没有再造字，但它的辈分很高，这样有些

"字"就不像一个家族的概念，但这并不影响整个汉字系统的家族感。所以，我们在讲"字"的时候，着重以常用的、比较大的家族来讲。这是本书在讲汉字字族的时候，大家要注意的几个方面。

在"双法字理"中，造字法的概念我们清楚了，即形意法和音意法；用"文"造字时有必要的变体，我们也知道了；汉字家族的概念，以及汉字家族概念里所包含的大家族、小家族等，我们也清楚了。这几个问题清楚后，那么接下来，我们根据实际情况，再来看看在"七字根"指导下的一个一个"汉字家族"。

从这本书开始，都是讲汉字家族，请大家始终注意，"文"是个基础，这是整个汉字大厦的根基；还要注意"形象"、"音意"两种造字法，这是汉字大厦的框架。这两条真正吃透了，后边的"汉字家族"学习起来就会越来越顺手，越学越上道。

目录

第一部 天文

　　天文篇，我们在《文部》中已经知道了天文中一共分了三类，九个字。第一类天体——日、月、夕，其中"夕"指的是金星，代表了星星；第二类天气——云、气、雨；第三类天象——电、雷、火，一共九个"文"。我们依然按照这个顺序来讲它们家族的每个字。

```
                          ┌─────────┐
                          │ 天文类  │
                          └─────────┘
           ┌──────────────────┼──────────────────┐
        ┌──────┐          ┌──────┐           ┌──────┐
        │ 天体 │          │ 天气 │           │ 天象 │
        └──────┘          └──────┘           └──────┘
      ┌───┼───┐         ┌───┼───┐          ┌───┼───┐
      日   月   夕       气   云   雨        电   晶   火
      │    │    │        │    │    │         │    │    │
      易   朋   多       乞   欠   需        奄   雷   灰
      白   明   名            扇        申        炎
      日   易   歺           （漏）                  光
      卓                                            燚
      昌                                          （荧）
      是                                            桼
      暴
      昔
```

第一章 天体（日月夕）

　　字族中，先说"日字大家族"。"日"这个家族非常庞大，是极其重要的一个家族。"日"是太阳，万物生长靠太阳，所以在字族中放在第一位。用"日"字再造的字特别多，是个大家族。随后的"月"字和"夕"字的家族，相对来讲都比较简单　些。

第一节　日字大家族

　　"日"字家族中，我们主要讲一些常用的字。人们用"日"字再造字的时候，按照我们的造字理论，只有两种可能，要么它是表意义的，要么它是管声音的，只有这两种情况，也就是所谓的形意和音意。日字是个象形字，是个基础字，关于"日"再造的字有一个特点，在常用字当中基本上都不是表声音，而是用"日"当意义符号来看的。所以，我们在日字家族中，先侧重讲它用"双法"中的"一法"——形意造字法的造字情况。

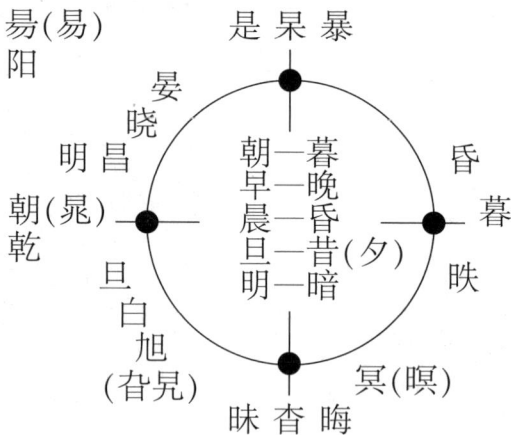

易(易)
阳
　　晏
　　晓
明昌
朝(晁)
乾
　旦
　白
　旭
(旮旯)

是 杲 暴

朝—暮
早—晚
晨—昏
旦—昔(夕)
明—暗

昏
　暮
　昳

冥(暝)

昧 杳 晦

　　我们看上图，日字作意义的时候，可以帮助我们大概了解一下日字家族的分布。这大体是太阳一天运转的情况。中国的汉字，很多字都是阴阳对称的。例如“朝”、“暮”，“早”、“晚”等，后面讲的时候我们还要讲古人为什么这样造。“早”、“晚”的字形中都有日字，“晨”、“昏”的字形中也都有日字，还有“旦”和“昔（夕）”字，“昔”也指夜晚，在今天用了表示星星的“夕”字，可能因为“昔”和“夕”同音吧，“夕”代表星星，借指夜晚会更形象。

太阳的特点是什么呢？太阳的特点是光和热，有光就有光明，有热就有能量。所以，“日”字再造的字中，“明”和“暗”，“阴”和“阳”大体是对着的。我们一天二十四小时的时间也是如此，一半时间是在白天，一半时间是在晚上，可见古人造字也是按照对自然的发现与认识来造的。用“日”再造的字大部分都是对称的，同时保持着形意、音意这两种情况。

用形意法造字时，日字做意义符号；用音意法造字时，它仍旧是意，仅仅是用别的字来做音符。比方说一个“旺”字，右边是“王”字作声音符号；又如“映”字，右边是“央”字作声音符号；还有昨日的“昨”，右边是工作的“作”的右半块“乍”做声音符号；还有“昭”字，右边的“召”也是声音符号，“晴”右边的“青”也是一样，这些字的右边都是声音符号。这些虽属于音意字，但并不是以“日”为声音的，由于我们主要讲“日”字，所以这些音意字我们都不在“日”字家族里讲。在哪里讲呢？分别在他们各自的“主音字”即读音符号里讲，在遇到“王”、“央”、“乍”、“召”、“青”

旦

甲骨文

續摭·197

昔

甲骨文

乙·1968

字时再讲。

我们讲了家族就要找"头"，也就是族长，找到了族长我们再讲各自的成员，这样跟着族长的声音和意义走，就会更加方便理解和记忆。

讲"日"字家族，从它的形意部分开始，它组成的字很多，我们按照先讲太阳自身的光芒"易"；然后是太阳每日临出地平线之前，天边有"白"光；太阳出了地平线以后，就是早上的这个"旦"；随后，太阳再往上升就是"朝"阳，然后有"乾"；进一步"昌""明"，到达破晓；一直走到正中午的"是"，以及正对着太阳最高处的"暴"；随后就到了下午，下午越来越暗，由"昔"一直到了晚上，就形成了"日"的轨迹：

日→易→白→旦→朝（乾）→昌→是→暴→昔。

按照这个顺序，来认识"日"字的家族，认字就变得很明了了。

日

甲骨文

前·7731

金文

父乙爵

一、易字家族

我们知道"日"是个太阳的形象，太阳的特点是有光。关于"日"字本身，我们在《文部》当中已经讲了很多，现在我们讲一个关于日光的字。它的形象是"易"，而我们今天所见到的"杨、扬、场、畅"等字右边的形体正是它的简化形象。这个形象是什么呢？它是根据"易"字的草书演变过来的，所以我们要来认识一下它的楷书形象"昜"，这个字就念"yáng"。

关于"易"的意思我们还得从头看，从甲骨文上来说。

昜变化图 (昜)	甲骨	金文	小篆	隶书	楷书	草书	简化
	早	早	昜	昜	昜	弓	昜

甲骨文中先画了一个日，下面这一横是表示太阳从地平线上开始升起，还有一竖，这一竖是表示太阳光照大地，和大地上的万物，表示太阳的光线和万物向上生长的意思。因为万物生长靠太阳，靠太阳的什么呢？自然靠的是太阳的阳光，所以这个字本身指的就是"阳光"。

甲骨文是这样，金文和它的形体意思是一样的，只是笔画更加粗壮。所以，甲骨文和金文都是画了一个太阳，画了一个地面，下面还有一条线，这条线表示太阳的光和在太阳的光照下生长的万物。"易"字在甲骨文和金文当中，就是指阳光。到了小篆以后，变化比较大，上面还是一个太阳的形象，下面仍旧是地平面，大地下面是万物的物（勿），动物、植物等，仍旧是阳光照亮大地，万物靠阳光生长，它还是表达了阳光照射出的光芒。隶书根据小篆的变化而改造，意思并没有变，只是字形略有一点变化，随后人们根据隶书来楷化，即楷书。

因为再用它造的字特别多，写起来又常用，可是笔画比较多，书写的发展中，它的草书被用来简化，就有了今天所见的样子。那么用它再造的字有多少呢？我们来看下面：

易字家族（勿）	甲骨	金文	小篆	隶书	楷书	简化
	旻	旻	易	易	易	勿

旸暘	扬揚	场場		汤湯	伤傷
∣	∣	∣		／＼	∣
阳陽	杨楊	畅暢	烫燙 荡蕩		殇殤
∣	∣	∣			
炀煬	疡瘍	肠腸			

这里仅仅是选出了常用字，不常用的字没有挑选。

这十几个字，基本上就构成了一个小家族，其中根据细节特点也分有小组，因此，我们将它们分成了五个小组来详细介绍。

1. 易→旸（暘）、阳（陽）、炀（煬）

"易"字加上日字旁就是这个"暘"，今天简化为"旸"，它与"易"本是一对古今字，读音为"yáng"。本义就表示太阳、阳光的"易"为什么还要加个"日"呢？因为"易"再造其他字的时候，它充当了声音符号，使其意义符号的功能淡化，为了进一步表示阳光与日有关，古人又加了"日"字旁再造"旸"字来特指阳光。

"旸"的繁体写为"暘"，今天简化写为"旸"，是从其草书的书写中借鉴而来的简化，它们俩实际是一个字，表示阳光的意思。

我们再看"阳"字。当"旸"表示阳光以后，那么阳光要照在哪儿才能与人有关系呢？首先是照在地上，因为人们用阳光晒东西。但在古时，古人依山而住，住在悬崖之下才能遮蔽风雨，此时人们还没有来到广袤的平原，住地附近因多山石而不平坦，有高高低低的山坡，阳光就总是照在一个个的山坡上。

"阳"字左边的耳朵"阝"是"阜"字，"阜"为一个山坡的形象。山坡上能照到阳光，山坡的另一面自然照不到，所以这个字也是阴阳的阳。"阳"指山坡被阳光照着的一面，这叫"阳"，另一面则叫"阴"。它的繁体字为"陽"，由"易"字领头，在简化时仅保留了"日"。因为阴阳的"阳"和太阳的本身"日"是分不开的，所以在简化时没有参照"暘→旸"的规律简化，

9

而是把"易"字下部光芒的部分去掉，仍旧用了一个太阳的形象"日"来体现出一幅"日照山坡"的情景。

有阳必有阴，以后我们在讲"阝（阜）"字族的时候，再讲"阴"和"阳"二字的相对性，且"阴（陰）"是在"阳（陽）"的基础上演变过来的。

太阳有光，有能量，阳光长时间的照射会发热。古人发现火光像太阳光一样，也是热的，火光照的时间长了也会发热、发烫。于是造了"炀"字，表示火光像太阳光一样，也念"yáng"，只是"炀"更强调了火光所发出的热与光，有别于日光的"旸"。其繁体为"煬"，同理简化。

这三个字"旸、阳、炀"便是"日字大家族"中"易字家族"的一组，这一组主要是跟"易"所表达的阳光的意思有关。

"易"字，今天基本上不怎么用（仅用来造字），简化时变成了如今的形体"旸"，一旦"易"字我们理解了，它再造的那些字就都比较好理解。当今，经典文化学习热潮，人们在读古文的时候会时常遇到这些字。因为太阳经常用，所以古文中"易"字会经常出现。今天的现代汉语虽然不再使用它，但在古书中它可是常用字。

煬

煬
小篆
说文火部

煬
隶书
史晨奏铭

煬
草书
王羲之

2. 昜→扬（揚）、杨（楊）、疡（瘍）

这组的三个字也都念"yáng"，都跟扬手、跟向上的意思有关。太阳在上面，抬手上扬，杨树的枝条往上扬，头疮也在上边，这是一个小组。它们的区别在于字形左边部分的指向，重点分别是一只手，一种树，一种病等。

"扬"字由"昜"加提手旁（扌），为扬手的意思，把手扬起来。当我们抬头看太阳的时候，因光线很强，眼睛照得慌，所以把手举起来挡住阳光，遮阳。这个动作就是"扬"，此时手就要举起来，所以叫扬手。人们平常扬手干什么呢？就是遮阳光用的。

"扬"字的古体也就是现在说的繁体为"揚"，读"yáng"，右边部分就是"昜"字，加个手用以遮阳光，遮避阳光的动作就是扬起手来。它是人们把手高抬起来遮挡阳光，并向远处张望的一个动作，就为"扬"手。

"杨"字是由"昜"加"木"再造的，指一种树木——杨树。古人为什么把这种树叫杨树呢？那就要还原古人对杨树的认识。这时必须知道，古人最开始是把杨树和柳树混在一块的，后来发现这两种树并不一样，才又加以区别。柳树的枝条柔软是往下垂的，似流水向下。杨树的枝杆硬朗，是往上扬的，所以杨树的"杨"实际是扬手的"扬"字省略再加木字旁。因它是一种树木，跟树木有关就用木字旁表示意义的类别，右边的声音仍旧是"易→扬"的音，繁体写作"楊"，说明这种树枝条往上扬起，这叫杨树。所以要理解杨树，必须先懂扬手，这也就是为什么先说"扬"再讲"杨"的道理。懂了扬手，就好理解杨树。

汉字的造字，其实和拼音文字创造是相似的，也经常会出现省略、缩写、合并等情况。

然后说溃疡的"疡"字。这个"疡"字一看就知道是一种病，因为有一个病字旁（疒）。那什么叫"疡"呢？我们今天常遇到的就是溃疡，指胃、牙龈或者身体某个地方的溃烂称为溃疡。但实际它的本意是指头疮。

古人生活条件不好，卫生条件比较差，头发不像现在人们有各种洗发水等，可以理发、洗发，古人的胡子、头发是不能随便剃的。毛发和皮肤是父母所给，不能随便割弃，可是清理的条件又不好，所以头上长疮——头疮，这叫"疡"。头疮发痒，人就要扬手去抓一抓，手又不干净，所以抓了以后就容易溃烂，这就成了溃疡，它的本意就指头疮。因为要扬起手来抓，它又是在头顶上面的，太阳还天天照着，读音也就还是"yáng"，繁体书写为"瘍"。

古代"疡"主要指的是头疮，后头疮进一步发展成溃烂，叫溃疡。因为"溃"和"疡"并不一样，这个将来我们讲到"贵"字家族时再做比较。

瘍

金文
古鉨

小篆
说文疒部

隶书
孔宙碑

行书
文徵明

草书
韵会

3. 易➡场（場）、畅（暢）、肠（腸）

这一组的三个字读音与"易"略有不同，都念"chang"。三个字读音是一样的，但各有变调的情况。分别是场"cháng、chǎng"，畅"chàng"和肠"cháng"。我们主要还是来看字，音调的变化我们先不作过多介绍。

我们先看"场"字，其繁体为"場"，它的读音和左边的土字旁是如何结合在一起的呢？这个"场"是指扬场用的地。过去种地，人们在收割以后，谷子的籽粒要收在一个专门的地方进行脱粒，再进行晾晒脱水。这个专门的地方就是"场地"。场地是人们把一块土地用碌碡压得很平、很光，这块地常年不种庄稼，特别是在旧时的农村，村边上都会有这么一块地，叫打谷场。这就是打谷子、稻子的一个地方，这块地压得很实、很平。

"场"字右边是"扬"字的省略，"易"字的简化。因为这个地方宽敞，通风好，人们借着风势，拿着簸箕、木铲等农具开始扬谷子、扬麦子。在这之前要先把收回来的庄稼用石磙来压，压了之后，谷子粒、麦子粒就会从庄稼的秸上掉下来。但这些颗粒中还混有皮、土、秸杆、碎叶等杂质。人们此时就要开始扬了，拿簸箕、木铲等铲起地上的谷子颗粒逆着风势一扬而起。这一颗颗谷粒便被扬起到了空中，风一吹便把杂皮飘到一边，籽实较重就落到另

場
田 甲骨文
粹·1223
塲 金文
古 鉢
場 小篆
说文土部
場 隶书
桐柏廟碑
場 行书
王羲之

一边，使粒与皮分开了，这就是打谷场里的"扬场"。

"场"念"cháng"时为二声，"扬"念"yáng"，它们的音韵相同。在生活中，人们的方言和口语当中容易混乱，变调为"cháng"，与"常"字的音相同，因为跟"经常"有关系。每一年，从夏天收麦子，到秋天收其他的庄稼，这个地方常用，所以跟经常的"常"有关系，而且这个地方宽敞。这个地方在冬天时不收粮食了，就会"场光地净"，场也光了，地里也干净了。往往在冬天里，人们就在这个地方做一些活动，比方说练武、耍热闹等等。农村练武经常就在打谷场里练。

"场"字首先的意义是打谷场，然后才泛指场地。因跟土地有关，所以加土字旁。扬谷场中扬谷子、扬麦子都要往上扬，扬好的麦子、谷子还要暴晒在太阳下，仍旧是与太阳的"昜"有关系，因此繁体为"場"。

畅通的"畅"字左边是个"申"。我们在讲"文部"时讲过它，"申"是打雷时的立闪，有伸展的意思。其右边仍旧是"昜"，它是"场"字的缩写，场在这里的意思就是指这样一个场地，四面空旷、宽广，而"申"有伸展的意思，不会受阻围困。这样一个四周空旷的场地，一眼四望，毫无阻挡，所以有通畅的意思。"畅"便是从场地的"场"演变而来的。

畅

畅 小篆
篆典日部

申昜 隶书
曹全碑

畅 草书
王羲之

畅 草书
唐玄宗

人们打场时，场地如不通风宽敞，也扬不掉谷子的谷糠。打谷场是一块平坦的大场地，又配以立闪的"申"更显无边无际延伸的气势。"畅"就是在"场"字基础上再造的，简化的样子也一样，它们的繁体"暢"和"場"也相通。

"肠"字加个肉月旁，就是指我们肚子里的"肠"子。它实际是与通畅的"畅"相连，肠子为什么叫"肠"呢？首先，从形象上看，肠子确实是比较长的，在我们所有的脏器中，肠子是最长的，并分有大肠和小肠。另外，它还必须是通畅的，不然就会肚子难受、肚子疼。人类吸收营养，那可全靠肠子，食物由胃消化进一步粉碎进入小肠，由小肠吸收营养，然后到大肠里吸收水分，最后排出体外。如果肠道不通畅，就会淤积堵塞令人难受，并影响消化。它是一个吸收营养的场所，所以它也念"cháng"。

肠子从形状上看是长短的长，从功能上看有畅通的意思，所以它右边是"畅"字的省略，因与肉体有关加肉月旁为"肠"，这就是肠胃、肠肚、肠子的"肠"。且长、畅、肠三字的读音又是一样，体现了双法字理中"音同意就通，音近意也连"的造字观念。

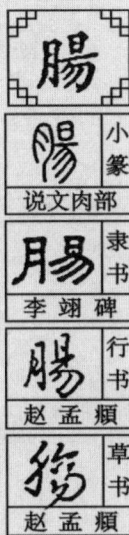

腸	
腸	小篆 说文肉部
腸	隶书 李翊碑
腸	行书 赵孟頫
腸	草书 赵孟頫

15

4. 易→汤（湯）、烫（燙）、荡（蕩）

这一组，我们先看第一个"汤"字，它由"易"字加上三点水（氵）为汤，读音为"tāng"，另一音念"shāng"。"汤"分化出了"烫"和"荡"。分别表示感觉烫和表示芦苇荡、水荡。

在夏季时，当太阳出来了，我们拿一盆水放在地上，让太阳晒它，盛夏的太阳特别烈，一盆水最后晒得很热，着手都不能摸，所以这个"汤"的本义是指的热水，而不是指我们今天吃的菜汤，那是后面延伸的意义。古人在学会用火后，就用火烧水，烧开的水喝起来依然寡淡无味，那么怎么办呢？人们就搁上点菜，搁点油腥，再后来有了酱油、醋等调味料，就有了高汤，这就更高级了。

"汤"字最开始的意思就只是热水，后来表示我们把吃饭时煮有其它东西漂着菜花、葱花、油腥、有点咸味的这种热水，称为汤。菜汤是"汤"的引申义，热水是它的本义。

汤为热水有个特点，用手探摸时因温度高会烫手。于是，后人另造了一个字加以区别，来表示高温的特性，即"烫"。

在古汉语当中，在先秦文献当中并没有加"火"字底的"烫"，所以读古文的时候要注意"汤"

有时是指开水，有时是表达开水的特性"烫"。如何区别开水和烫呢？开水是名词，"烫"是指我们感觉，是一个形容词，于是人们另加一个"火"字，才分化出了它的意义。

人们用大锅烧水，水沸腾时翻开水花称为开水。水开了以后在锅里翻滚，滚动的水哗哗作响，来回碰撞着锅壁，又被锅壁挡了回来，水纹反复，这就是回荡、荡漾的"荡"，读音为"dàng"。它是"汤"字加上草字头（艹），表示池塘里的水就像在大锅里的开水一样，当有风吹动或有动物、鱼类等在里面打蹦时，水面就会翻腾，水波就会来回荡漾，就像水烧开了一样。水塘边常长有芦苇等水草，水草随着水波摇晃不定，这就是加草字头（艹）的原因。

"荡"一般指有水草的水荡、芦苇荡。水荡就是水池子的地方，因为水池子的周围往往有水草，所以加草字头，下面的水纹波动就像烧开了水在滚动一样。所以用"汤"来表示读音和意义。

例如著名的雁荡山，因那山里有水荡，大雁经常来往此地，故起名"雁荡山"来表示地名。

此外，古时还有一个"盪dàng"字，今已被简化合并到"荡"中，此字专指荡舟，甲骨文可见。后世小篆统一汉字归纳字形之时有了"盪"字，像一人乘舟在水中晃荡。舟在水中飘荡似在器皿中摇荡一般，所以下面用"皿"字表意。

17

5. 易→伤（傷）、殇（殤）

"伤"字，它的繁体为"傷"，读音为"shāng"，字形跟前面四组的字有些不同。不同在哪里呢？右上角还多了一个"人"字，左边也是一个人字（亻），这就表示有两个人。这个"傷"字就是两个人在打斗，打斗中打破了头，破口处发生了溃疡，就为"伤"。这种叫"伤"，但没有死，打死了就不能叫伤。它实际上跟破裂，不完好有关系。往往打伤之后，治疗不及时就化脓，就像得了头疮一样出现溃烂。

"伤"字暗含着两人相斗，且有人受了伤。因其常用，于是对它的繁体"傷"进行了简化，但没有按照之前的规矩变，而是在两个人中间加了一个力量的"力"，简化成"伤"。这个简化字有没道理呢？它也是有道理的，指出两个人用力打斗，使其中一方受伤了。

"殇"还念"shāng"。这个殇的本意是指什么呢？其左边是个"歹"字，是死亡的"死"字的一半，右上角也是个人。"殇"的简化则跟之前的简化规律相似，从"殤"到"殇"，也是按照"易"的简化而成的，如从"場"简化为"场"。

这个殇是指什么呢？"殇"是指重伤，重伤到什么程度呢？最后使人死了，所以左边用了一个"歹"字指死亡。"殇"比"伤"要更严重，到了要必死的地步。"伤"是负了伤，有可能养好；而"殇"是负了伤，却没有好，最后因伤重而死了。

"殇"还被解说为未成年就死去。一般一个孩子如果没有长到成年，中间受了伤或者得了病就死了，我们说是夭折，这主要是与年龄有关。人没有成年受伤而死，这种叫"殇"。古有记载："年十九至十六为长殇，十五至十二为中殇，十一至八岁为下殇，不满八岁以下为无服之殇。"（《仪礼·丧服传》）所以，过去小孩还小，长不到成年，人就死了，就说某某家有个孩子给"殇"了，可见父母之伤痛至深至切。虽然"伤"和"殇"是同音，但左边部分区别着意义，且都是涉及到伤。又因古人最忌讳说死，其实这个"死"字在任何语言当中都是避讳的。说一个人死了不好听，所以对夭折的孩子多改说成"殇"。

此外，诗作《九歌·国殇》，是战国时期楚国伟大诗人屈原的作品，是追悼楚国阵亡士卒的挽诗。体现了诗人的亡国之伤直至内心深处，他望能洗刷国耻之真切，使人读后倍感凛然悲壮、亢直阳刚。

以上就是由"歹"字引出的"歹字家族"，是"日字家族"里的第一家，这就讲完了。

歹

死

甲骨文
獣1·30

甲骨文
前5·41

金文
毛公鼎

小篆
说文歹部

二、白字家族

太阳最大的特点是阳光，那么太阳的光芒如何表现呢？我们继续按照从太阳快出来，再到出来，一直到最高点，然后到日落，这个顺序来讲。那么接下来我们要讲"日字家族"的第二家，就是这个"白"字。

这个"白"字，我们今天看到的楷书是上面一撇，下面一个日，这一撇它本身就是指初升的太阳放出的一道日光，为什么断定它是日光呢？那我们来看甲骨文。

白变化图	甲骨	金文	小篆	隶书	楷书
	⊖	⊖	白	白	白

甲骨文造这个"白"字，文字学家至今有很多种认识，说法不一但似乎都有道理。我们先看甲骨文和金文，它们的模样差不多。如果我们抛弃其他的条件，就以它俩的字形来判断到底是什么，我们可以得出很多结论，其中一个结论，说"白"就是画了一个白色的东西。甲骨文、金文画的像什么白色东西呢？有的文字学家就说了，这就是大拇指的指甲盖。大拇指在我们面前一竖，手是红的，指甲盖底端有白色，可以通过这个来判断一个人的健康情况，俗称"月牙"，它就是白色的。于是把这个大

拇指盖画下来，代表白色，这倒是能说过去。"白"字加上一横，是一百二百的"百"，数完数就用大拇指表示一百，这是又一种说法。

还有的认为这个"白"，画的是一颗白米粒，大米是白的。甲骨文画的也像白米粒，像一颗白色的大米，所以表示白色，好像也能说过去。也有人说是一粒小麦粒，这是南方人和北方人的区别，南方人说它是大米粒，北方人说它是小麦，单纯从这个角度来看都能说过去。

但也许既不是大米粒，也不是小麦，可能是一碗白米饭，下面是碗，上面是冒了尖的白米饭，这就是一碗白米饭，等等。从"食"与"既"的古文字形体中也确实能找到一碗白米饭的痕迹。

所以说这个"白"字，你要是这么猜还可以猜出一大堆来，例如还可能是人的脸面，脸面是白的，身上穿着有色的衣服或者纹了身子，白色脸面下加一个人形的"儿"字，就是最早面貌的"皃"字。如果我们这样来研究古文字，那就成了公说公有理，婆说婆有理，仁者见仁，智者见智，最后你就没法认识了。所以应该把甲骨文、金文、小篆、隶书、楷书等，放在一块来看，并结合它所造的字，使之单字不孤立并成为系统，这样就不至于乱猜了。这是我研究和认识汉字的方法和心得。

我们看"白"字的小篆为什么是这个形状，很显然和一个"日"字非常相似，此时再说它

像米粒、像饭、像脸面就不合适了。

　　"日"字上面有一点，这一点还挺正，隶书显然是根据小篆的形体变过来，楷书显然是据此书写。白字既然像日，上面这一点又是什么？按照今天我们对天象的观察来看，它就是太阳快出来之前，天边微微泛起的白光，我们说东边发了白，这是太阳即将升起的前兆。太阳刚出来的时候是红的，红日没有出来之前的天边泛起的是白色——鱼肚白。此时的天依旧是灰黑色，逐渐地，东边慢慢泛起了一点白，就像鱼肚子的那种白，所以人们称天快亮时的天边为"鱼肚白"，即黎明时东边的天色。

　　关于"白"字，应该说"鱼肚白"作为一个太阳的光芒，可能更接近造字的最初意思，这一白色的共识至今人们依然广泛接受。那么，我们从其字形演变的整个过程来看，从甲骨文到金文，一直到小篆、隶书再到楷书，是完全可以说得通，并接近自然的，而且它随后的造字也能体现出日光的意义。所以说"白"指日光也最合适。

　　"白"字作为家族的字首，它还造了一堆字。在字图中我们又列举了两组用"白"所造的字，左边的字属于两种造字法中的"白字家族"，右边的一组也与"白"有联系，但在造字上不以"白"为主，它们各自有各自的归属。

白

甲骨文
佚·962

金文
杞伯敦

小篆
说文白部

隶书
曹全碑

白字家族	甲骨	金文	小篆	隶书	楷书
	白	白	白	白	白

伯	魄	宿	兒	皇	皈	樂(乐)
拍	珀	缩	貌	皂	皑	習(习)
怕	碧	帛	藐	皆	皎	敫(皦)
泊	百	绵	兜		皓	
迫	佰	棉			皖	
柏	陌	锦				

以上这些就是"白"字再造字的家族，其中有音意的，也有形意的。其他还有一些是用"白"字做辅助意再造的字，例如，皑皑白雪的"皑"，皎洁的"皎"，皓月当空的"皓"等，它们都有各自主要的声音符号表意义，所以属于另外管声音的那部分家族之中。

此外，还有一些因形体相似最终书写为白的字，如"兜"、"樂"、"皆"等，这些都各有所属，并不在"白字家族"中。这里列举出来供大家了解，但我们主要介绍左边一组，也就是用"白"做声音并表达意义造的字。

1. 白→伯、拍、怕、泊、迫、柏

我们先看第一个"伯"字。

"伯"字，实际有两个音"bǎi"和"bó"。我们平时把"伯"字既可念"bǎi"，也可念"bó"，这两个音都对，但在古代，古音中通常把它念成"bǎi"。

"伯"也可以念"bó"，这是方言音的不同。具体到怎样出现这些不同的方言音，以后我们在音韵中专门讲，因为这又是一门学问，即"音韵学"。

伯父的"伯"显然跟人有关，但是为什么叫伯父呢？为什么右边用"白"字表示声音呢？原来这是指平辈当中的老大，此人被称为"伯"，指第一个出现的男子，有家族的第一继承权，似日出前的第一道白光。

这里面有一个常识，就是中国文化的家族传统中有"长子长孙"一说。众多孩子当中的老大，这叫长子；长子的第一个儿子即第一个孙子，这叫长孙。长子长孙是干什么的呢？他们主要是继承这个家族的家业，长大以后是要来主事的。比如，皇帝的接班人要选只能选一个，但各朝的皇帝往往有好多儿子，那选谁呢？一般就是老大当选。家业也是这样，一个很大的家业，最后好几个儿子，谁来继承，谁来做主呢？那就是长子。

左栏（从上到下）：
伯
甲骨文 甲·3449
金文 伯鼎
小篆 说文人部
隶书 史晨後碑
行书 孙虔礼

这会儿，还要回过来说一下"白"字。白天相对的是天黑，有黑就有白，黑夜即将过去，当黑色的天已经不黑了，太阳马上就要出来，就要天明放白了，在这个意义下我们来说"白"加"亻"组成的"伯"。

"伯"这样的人，尽管起初他还不是家里的家长，还不是继承者，但大家都明白，将来是由他继承。"伯"是家族中下一代人的老大，即第一个出现的男人，又代表下一代的光明，这也暗示他是一个对大家来说都明白的人。这就像太阳虽然没有出来，但是已经天明放白了，人们知道太阳马上就要出来了。后来，人们就把老大称为伯，叫大伯（bai），有的地方叫大伯（bo）。

现代汉语定音中两个读音做了区别使用，伯父、叔伯的"伯"念成"bó"；媳妇称丈夫的哥哥，叫大伯（bǎi）子，此时不能念成大"bó"子。

"拍"是加提手旁（扌）念"pāi"，这显然跟手有关，指拍手的意思。那为什么叫拍手呢？

当我们一拍双手时，就有啪啪啪的声音，它的声音是模仿拍手的响音来的。但是，古人造字的时候为什么要用这个"白"字作读音呢？原本"白"的古音念"pō"，且古音中"b、p"不分。

拍

拍 金文 拍 盤

拍 小篆 篆典手部

栢 小篆 说文手部

拍 隶书 尹宙碑

拍 行书 王羲之

另外还有一个意义，如果我们手里拿着东西能拍手吗？显然不能。手里一定是空的，空白的手才能拍，所以拍手的"拍"右边的"白"，除了表声音以外，还有表示空手，手里空白的含义。

害怕的"怕"念"pà"，要是按照心理学上解释什么是"怕"，会很复杂。我们不搞太复杂，首先明确"怕"跟心情有关，所以左边是个竖心旁（忄）。"白"的古音念"pò"，这里用"白"来做读音符号，并表明心里什么也没有，是空白的。

一个人手无寸铁，心里又没有底，心中一片空白的那种感觉，就是害怕，所以有内心空白的意思。害怕的"怕"就由竖心（忄）旁加表示读音的"白"所造。

当然，也可以看成"怕"字是"忄（心）"与"拍（拍打）"合成，害怕拍打之心。

湖泊的"泊"念"pō"，湖泊、血泊等；或是念"bó"，停泊、淡泊等。这个"泊"字比较简单，跟水有关。同时湖与泊有所不同，"湖"强调的是水面的范围大小，而"泊"是指水面上泛起白花，泛着白光，湖与泊合指水域的大小与相貌，把它们放在一起这就是"湖泊"。

另一方面，它还指水面上舟船停靠的地方，可以停靠的水面自然是空白的。水面码头用于停靠舟船，一定是空白位置的水域，这就是停泊、泊位。

怕
帕 小篆 说文心部
怕 隶书 韩勑碑
忄白 行书 唐寅

泊
泊 小篆 说文水部
泊 隶书 张表碑
泊 行书 米芾

逼迫的"迫"，这个字念"pò"，也念"pǎi"。我们先说"pò"这个音，跟上面一样使用"白"表示读音。走近就是迫近，人们拍手是两个手互相拍，如果用手去拍别人时，则是要接近对方。一人举起手来向你走近，就有种逼迫、靠近的意思。前进、靠近都与腿脚行走有关，所以配以表示行走的"辵 chuò"字，这就是今天称为走之底（辶）的原型，表示一种行动。

"拍"是用手，"迫"是用脚，当要用手拍上去时，你的腿脚就得跟进。

"迫"字的"pǎi"音，仅用于"迫击炮"这一近代火器名词之上。一是它操作简便，弹道弯曲，可迫近目标射击，几乎不存在射击死角；二是炮弹从炮口装填后，依靠其自身重量下滑，拍击底座而强迫击发，使炮弹发射出去。

柏树的"柏"，念"bǎi"，在"柏林"这一固定名称中念"bó"。其字配以木字旁，自然说明了柏树是一种树，左边一个木字旁表示类，为什么叫柏树呢？右边为什么又是个"白"字呢？这体现了古人的一种认知思想。

古人对所见事物的认识不是单一独立的，而是对众多相似事物的综合认识，并加以比较和总结。例如树木的命名，牛、马、旗帜的命名都十分细致。这里仅了解一下柏树的特点。

迫
小篆
说文辵部

迫
隶书
老子铭

迫
草书
王羲之

迫
行书
杨继盛

迫击炮

柏
小篆
说文木部

柏
隶书
桐柏庙碑

柏
草书
王羲之

中国古人对事物遵循着一个认识：阴、阳。

中国五行中讲五色、五方等，其中白色就在西方，西方刚好也是白种人。西方一词，在我们现代文化当中有两个文化含义，一个就是东方西方，地球上西方住着的人群；还有一个是指西方的极乐世界，是人死了要去的地方。树木生长的特点是所有叶子都向阳，一棵树长起来一定是向阳的，向阳的一面长得旺点，背阳的一面长得比较弱势。但柏树不同，柏树的枝叶好像被人用手拍过一样，全是并着的，另外树枝背阳向西，这是柏树的特点。

不管怎样，柏树以"阴"用势，这也就是为什么陵园、坟地多用柏树。陵园中多栽柏树，这是中国古代的一个文化习惯，如《春秋纬》记有"诸侯墓树柏"。故民间传有"木皆属阳，唯柏向阴指西"。五行中因西方为白色，故此树命为"柏树"，且叶子扁平相并列，似被人用手拍扁而并列在一起。

世界方圆，恰巧在西方国家不知道是什么原因，西方人也把柏树用于陵园，人死了以后也栽上柏树，可见人类对柏树的认识以及赋予它的文化内涵是一致的，不存在所谓的东西方文化的差异。

关于柏树，还流传有很多奇妙的认识，大家不妨自己再去了解。

2. 白➔魄、珀、碧

接着柏树，我们来看这个魂魄的"魄"字。

中国人认为，人活着的时候是人，死了就变成了鬼，所以此处用一个鬼字来表类，说明与生死有关。"鬼"字左边加一个"白"字，这个字念"pò"，同白的古音。中国古人认为，人除了有肉体，还有精神即灵魂或魂魄。

我们总是说东西方文化有很大的隔阂，我们老觉得有很大的区别，结果在柏树的认识上，大家颇为一致，都用之代表了与阴间、灵魂有关系。其实，在文字背后还有很多根源性的东西，能够把文化连接起来。所以东西方文化仅仅是表现形式不同，它们的原始萌芽必然是统一的，但这些需要我们去不断了解，其前提就必须要理解人类自我本身的灵魂或魂魄。

我们的肉体，看得见的是我们平时的样子，看得见摸得着这叫身体。为什么我们的肉体能说、能走动、能思考，因为里面还有个看不见摸不着的东西，就是我们的思想、灵魂，古人称之为"魂魄"。

魂魄二字，分别用"鬼"字旁来表示类，因为活着的人很难表示出来，只有人死了，这时魂魄才离开肉体，所以用表示骷髅架子的"鬼"字与表示肉体的"月"字区别。造字的时候，就用"鬼"字旁来表示类。

魄 小篆 说文鬼部

魄 隶书 李夫人碑

魄 草书 武后

魄 草书 王羲之

魂
魂 小篆 说文鬼部
鬼 隶书 孔彪碑
魂 草书 颜真卿
魂 草书 王铎

珀
珀 小篆 篆典玉部
珀 隶书 史晨碑
珀 草书 王铎
珀 行书 李邕

"魂"字，左边是个云，说明这东西出来时像腾云驾雾那样就走了。而"魄"字，我们说了"白"是日光，那"魄"就像光一样，一道白光就消失了。我们面对即将死去的人，总有这样的形容，留有最后一口气，或回光返照。这里就简单认识一下这个字就好了。

关于魂魄，中国文化当中讲一个人有"三魂七魄"，将来我们讲到古代文化时，中间必然涉及到"三魂七魄"的来历和作用，以及中国人古代医学上是怎么认识这个问题的，等等。今天我们识字只讲字串、字族，遇到了一些古代文化常识，只是简单提一下。因为"魂魄"背后还有关于更多文化的内容。例如，下面的另一个字琥珀的珀，就有所涉及。

琥珀的"珀"是"斜玉"旁，也就是我们常说的王字旁，配以"白"字，念"pò"。"珀"没有甲骨、金文古文字形体，仅始于小篆，说明它造字较晚。此字今天也只用在琥珀这个词上。大家都知道，琥珀是一种像玉石般的东西，一种矿物，是松柏树脂的化石，即天然植物树脂的石化，这就是琥珀。

为什么给它起了一个名叫琥珀呢？因为中国古人发现这种东西别的地方不常见，在哪里常见呢？在树林里头，特别是松树、柏树多的地方，在这种地方经常会出现琥珀，且这种地方常伴有老虎出没。老虎被中国古人称为是兽中之王，上古时期龙、虎共为神兽。古人认为老虎这种动物有灵性，老虎死了以后，最后就变成了这种如玉石般的东西，所以叫琥珀。古代记载上就写作"虎魄"，即老虎的魂魄。

琥珀这个东西很漂亮，又像玉石，后来，人们在造字时就用"玉"表示类，声音用"魄"来表示。但是这写起来成了三部分，不好书写，也不好看，就把"鬼"字省略，最终成"珀"。随后虎字也伴随着加了玉石旁成为"琥"了。

琥珀

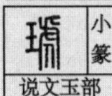

小篆 说文玉部

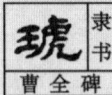

隶书 曹全碑

"碧"字上面是个"珀"字，下面是个"石"字。这个字经常用在"碧玉"一个词中。碧玉、玉石它们是一种石质较软的石头，归于石类。碧这种石头可不是一般的烂石头，而是像琥珀那样的一种石头。这种石头有一定的透明度，也比较珍贵，其色又如松柏般青绿，这种石头才叫碧。

"碧"中"珀"字在这儿表示读音，"b"和"p"的古音不分，所以"碧"与"珀"声母虽不同，但是古音相近。"碧"字指的就是一种石头，一种像松柏一样青绿，又如琥珀般性质的石头。

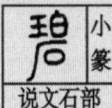

小篆 说文石部

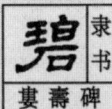

隶书 娄寿碑

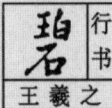

行书 王羲之

以上便是由"白"至"柏"，又引出了"魄、珀、碧"等一系列的字，它们都属于"白"字这个大家族里面，同时也进一步再组建了自己小的家族。

碧玉原石

31

3. 白➡百、佰、陌、宿、缩

百
甲骨文
粹·757
金文
衞公叔敦
小篆
说文白部
隶书
曹全碑
草书
王羲之

百千万的"百"，也是"白"字家族里的一个小家长。

我们在数数时，从个数到十，十个十就是一百，那怎么表示一百呢？九九归一，就是够着一个整数时划上一道。可为什么古人要用白颜色的"白"来表示声音呢？用这个"白"字仅仅是个声音吗？细想想，显然不是这么简单。

中国的汉字文化中，凡是关于声音，绝大部分都有意义在里面，一定不要忽略它。我们还回过头来多说一点"白"字，有的文字学家说"白"为人的面貌，虽不尽然，但跟人确实也有关系。当我们表示个位数的时候，总说"屈指可数"，把十个指头伸出来就够数了，个位数一定是不会超过十个的，这是个数。然后，我们勉强用手指表示十位，再数完十位上的数这就到了百。百位和十位再怎么用手指表示，就都很困难了，过百是不容易的，这指到头了。于是中国古人就把这个"百"，指到了人的头发上"白头发"。这是中国文化中关于人寿命的一种认识，认为人的一生应该活到百岁，中国人视头发白了为老，一生到死的时候应该活一百岁，所以《黄帝内经》上讲"古人度百岁乃去"，归为尘土，九九归一完成一生。

古代的人活到一百岁才死，而现在人们到五六十岁就老将就木，这多是因为今人现在饮食、生活都不规律。

关于"百"，人一生应该活到一百岁，所以用"白"字表示人头发花白，走完他完整的一生了，这样来表示"百"。所以，人死了以后叫"百岁之后"，百岁之后就是死了以后，人活完一生。没到百岁，严格上来讲就没有成了人，因为你没有活够那个岁数，正所谓"人生百岁"。人生百岁，哪里先白？就是头发，头发变白，人就开始变老，准备步入百岁，一生也即将走完了。

"百"字加一个单人"亻"，还是念"bǎi"。我们今天把它当成数字"百"的大写，是为了防止涂改数据。其实"亻"的背后还有很多文化，古代军队中统率百人的长官为"佰夫长"，指百人之长。

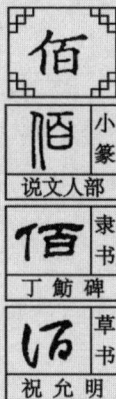

今天"佰"还用来表示"百"的大写，用于数字记账之中，与"拾、佰、仟、万"的用法相同。

"陌"字念"mò"。汉语拼音中"b、p、m、f"都是唇音，区分较少，"陌"和"百"的音，古音也是相对近似的。左边的耳朵，我们讲文的部分已经讲过了，耳朵在左边那就跟山坡有关，是"阜"的变体。"陌"的本意是指在田地四周，且高过田地的小路，用以避免田地被踩踏、水淹，可保护庄稼，也就是我们常说的田埂。田埂高起有小坡的样子，便配以"阜"字做旁。那么右边为什么用"百"呢？

佰

佰 小篆 说文人部

佰 隶书 丁魴 碑

佰 草书 祝允明

陌

陌 小篆 说文阜部

陌 隶书 蛰道人

陌 草书 王羲之

陌 草书 董其昌

水乡阡陌

　　中国古代对路的方向有一个规定：东西方向的路为横向；南北方向的路为纵向。古人以横着为陌，以纵着为阡，所以我们有个词组是"阡陌"。因为田间道路纵横交错，成百上千条，所以用"百、千"表示读音。但有时随京都变迁，又有南北为横，东西为纵的时候，所以，阡陌又随之改变。"田连阡陌"就是田间交错的小路。东晋诗人陶渊明的《桃花源记》中写道"阡陌交通，鸡犬相闻"。

　　房有南北，路有东西，日出东方照亮东西之陌，人们出南门走南北之阡多入田劳作，故少走陌而多行于阡，自然陌路较生疏，就引申为陌生。在这条路上遇到的人自然就是陌生人。

　　再来，就讲到了宿舍的"宿"字。"宿"字有三个读音，分别是住宿的"sù"，一宿的"xiǔ"，星宿的"xiù"。从古文字上看，"宿"字上面是个房子，房子里躺着一个人，旁边摆放着一张席子，合起来就是房子里铺着一张席子，上面还躺着个人在睡觉，非常象形的一个字。所以说宿舍是睡觉的地方。

　　席子的样子后来变成了"百"，而没有写成"目"，也有它的道理。"百"指所有的人，说明所有的人到了晚上都要睡觉，都有一个住处就是宿舍。

宿
甲骨文
粹·1199

金文
豐姞敦

隶书
孔彪碑

小篆
说文宀部

草书
王羲之

席
甲骨文
甲·1066

什么时候住宿呢？晚上才住宿，为睡觉准备的，睡了一晚就是在宿舍里休息了一晚上，就是一宿（xiǔ）。它作为一个时间单位来讲，住下一宿、两宿，住了几宿就是几个晚上，念"xiǔ"音，此时就和休息的"休"同音，同音往往通意。"宿（xiǔ）"是大家晚上躺着睡觉，时间较长；"休（xiū）"字则是一个人加一个木，指人走路走累了，在树荫底下临时靠着树干歇息一下，时间较短。二者都有休息的意思，只是时间长短不同。

这时候我们再说"星宿（xiù）"这个概念，就更好理解了。古人讲星星要讲"二十八宿"，这"二十八宿"把它分割成四方，每方住有七个代表的星。星宿就是这些星星住宿的地方，所以叫星宿，在这里"宿"字念"xiù"，它既不能念"sù"也不能念成"xiǔ"，略有变音以示区别。

"缩"念"suō"，与"宿 sù"字的读音比较接近，关键是左边加了一个绞丝旁（纟），它的本意是指一个东西的收缩。首先丝线本身是能拉直和弯曲的，具有延展性。

那么古人为什么右边用了一个复杂的"宿"来表示读音呢？在这一点上，一定要去体会古人造字的方法和用意。当我们表示一个东西伸展和收缩时，不论用什么来表示，古人都是用身边最常见的，最常体会的现象来理解，使之易于言表。

休
甲骨文
前5·26

金文
太保敦

小篆
说文木部

缩

小篆
说文系部

隶书
孙根碑

草书
苏轼

蜷缩

伸展的"伸"是指人的身体伸展开。"缩"字用丝线表示了容易收放，又用了一个人睡觉时候的样子，即蜷曲着身子的样子，人们睡觉大多是蜷缩着身子以便取暖。

所以用宿舍的宿，加上表示形象的绞丝旁（纟），来表示收缩、伸缩的意思，并给了"缩suō"的读音。

人们今天受西方语言学理论的影响，认为汉字有读音却怎么也读不出来，认为汉字本身形与音的分离是一种落后，而能拼写的形音一体化是先进的。进而要求消灭汉字，实行汉字的拼音化。其实拼音化只限于汉字读音的字母化，而不是汉字字形的字母化。

如果人们非要用西方文字的字母拼音来认识汉字本身，那是不科学、不合理的。如果，我们能把汉字字形里的声音文化找出来，你就会发现中国古人所造的汉字在音和意上是一个完美的结合体，它来自人们对生活的理解和认识。

汉字的每一个声音，其实就在我们身边。

4. 白➝帛、绵、棉、锦

我们接下来再看白字家族里面的"帛"字。

严格来讲，在"帛字家族"中只有这一个"帛"字是用白来表示读音的，后面引出的其他字在读音上都有变化，它们尽管是用"帛"字作了造字的符号，但没有延续读音，只保留了意义，采用了"双法字理"的"形意法"来造字。但这并不代表这些字没有读音的来源，而是随其特性而定音，先说说"帛"字。

"帛"念"bó"，上面是个"白"字，白的古音读"bō"，它们读音是相似的。下面一个"巾"，指什么呢？巾就是用丝织成的布，这种布是白色的，所以写成"帛"。它指的是一种素色的，没有染色，没有绣上其他东西的白色布。这种为"帛"，也叫作"布帛"，是早期丝织品的总称，且比较珍贵，与之同时代相并存的多为粗制的麻布。

"帛"字再造的字也有很多，平时我们常用的帮助的"帮"，就是用帛来造的，"帮（幫、幇）"。但"帮"字有更为主要的声音符号"邦"，所以不列入此处。我们在此列出了用"帛"再造的三个常用字，分别是"绵"、"棉"、"锦"。接下来我们一个一个来看。

"绵"跟帛有关，跟织的布有关，念"mián"。布是用丝织成的，"丝"字的繁体为"絲"，

帛	
甲骨文 前2·12	
金文 召伯虎敦	
小篆 说文巾部	
隶书 白神君碑	
行书 王羲之	

右边为"糸 mì",糸就是绵丝,此处做了"绵"的声音符号。丝绵是蚕丝织的布,用来织布的蚕丝叫绵丝,就是"绵"的本意。其触摸时的手感,有如触及面部肌肤,软绵绵般,又有柔软的意思。

棉花的"棉"是"绵"字的省略和"木"字的组合。但"棉"字出现得较晚。人们把蚕丝的"绵"字改成了用植物纤维纺织出的"棉",改为木字旁(木),说明这一丝线来自于植物。

宋朝末年,黄道婆从海南把用种植棉花取丝纺线的技术传到了北方,才使带"木"字的这一植物木棉和相应纺织技术在中原地带广为流传,她被后人尊称为"棉神"。棉花的种植也开始普及,这种植物开花结果后,人们挑出里面的像绵丝一样的东西进行纺织。棉丝的质地与蚕丝相似,所以这两个字读音相同,都读"mián",并分别用"纟"旁和"木"旁来区别这二者本质上的不同。

"锦"字念"jǐn",左边的"金"字旁是读音,右边的"帛"是意义。这个字的意思是指在布帛上绣着金丝,这才叫锦,以缎子为质地为锦缎。锦主要强调了上面的金线,所以读音随了金丝的"金(jīn)",但不是金属,还是指一种绸缎,故在"帛字家族"。在一面旗子的绸子布上绣有金字,这就是锦旗。

三、旦字家族

我们讲了代表阳光的"旲",讲了日光快出来但还没有出来时的"白",那么下面我们就要讲太阳从地平线上升起的时候,这就是个"旦"字——"旦字家族"。

"旦"字不难理解,上面是个太阳,下面是地平线,太阳从地平线上升起时的样子就是旦。我们依旧先从"旦"的文字发展过程来看一下。

旦变化图	甲骨	金文	小篆	隶书	楷书
	𣊫	𣇅	旦	旦	旦

甲骨文的"旦",上面是太阳,下面是什么呢?画了一圆圈,那是太阳的影子。太阳在天边升起来之后,天边海际下便有了它的倒影,非常漂亮。

金文也非常形象,下面一个大块黑表示和地平线似连不连的样子。我们沿地平线一眼看过去,太阳出来的时候像是从地平线上冒了出来,在与天际之海或地的连接处一点点升起。

小篆则因为要线条化,所以下面干脆划成一道代表地平线。到了隶书时,还把地平线和太阳用一点连着,表示有余光相连,这是更为贴切的想象。

太阳从地平线升起

"旦"字就是太阳刚从地平线上升起的样子。太阳再往上升，就是早晚的"早"了。

"旦"是用日再造的字，是日字家族里的一个，现在从楷书上来看由"日"和表示地平线的一横"一"来组成的，是个形意字。同时，"旦"又组成了许多音意字，并组成自己的小家族。

旦字家族	甲骨	金文	小篆	隶书	楷书
	 𠄢	 𠄢	 旦	 旦	旦

但　　　疍　　　亶
担擔　　蛋　　　檀
胆膽　　蟶　　　擅
疸　　　　　　　颤颤
坦　　　　　　　膻
袒

我们也按上图，将"旦字家族"的常用字，分为三组进行分析，即以"但"、"蛋"、"亶"三个字为代表的字族。

1.旦→但、担、胆、疸、坦、袒

"但"跟"旦"读音一样，依然读"dàn"，那么加个"亻"，是什么意思呢？文字学上人们认为"但"字和另外一个袒露的"袒"，原本是一个字。"旦"是说太阳刚露出来，而人平常是穿着衣服的，把衣服一脱，人体就露了出来，似太阳升出地平线露出光来。因与人体有关，故加个单人旁（亻），认为"但"最初就是"袒"的意思。又因人们脱去衣服的形象与之前不同，后来"但"字逐渐表达了转折、变化的意思，于是另造了与衣服有关的"袒"字，专门指明是把衣服打开，袒露出身体来。

我们梳理和认识汉字时，文字学的理论固然重要，但人们的领受能力也要顾及。"但"在我们现代汉语当中，基本上就是表示转折，"虽然……但是……"的"但是"。"但"所具有的转换的意义，可以简单理解为太阳转了一圈后成为新的一天，人也跟着太阳而旋转，有了重新开始的一天，故有转变的意思。事情都是人去做的，所以"亻"旁加上"旦"组成"但"，用它来表示转折、转变、转化的概念。这一解说虽未沿用文字学的解说，但更便于人们理解其转折意义的由来。

"担"字在繁体字中多写成"擔"，念"dān"为担当，还念"dàn"为担子。"担"为今天的简化字，也称为规范字。后面我们在讲"詹"字的时候，还要再说二者之间繁简的联系。

胆

膽

膽 小篆
说文肉部

膽 隶书
蛰道人

膽 行书
李靖

胆 草书
赵孟頫

今天按规范字来讲，担当的"担"和担子的"担"，都离不开手，所以用了提手旁"扌"，"旦"字表示读音。天一亮，太阳出来了，人们就开始挑着担子出门干活，或做买卖。我们早上看到卖豆腐的，叫卖吃的，等等，都是担着挑子。古人都是随着日出一同出行，故用"旦"字表音兼表意，又因以手持肩挑，所以用提手（扌）表示。担着担子，它是两个读音，一个表示动作，另一个表示物名。

胆量的"胆"，念"dǎn"，繁体为"膽"。我们讲今天的简化字，左边"月"字，实为肉月旁。人的内脏当中，在肝脏上有一个很圆的东西，能分泌汁液，因为其味道特别苦，所以叫苦胆。因为它是肉体的，所以左边是肉月旁。同时跟明月也有些联系。我们一个人的一天当中，身体的机能完全要靠胆汁来支撑，子夜养胆。

人体的十二个经络当中，胆经为首，从晚上十一点到早上一点期间是胆经在运作，如果这一时间真正休息好了，对我们整个身体是很有好处的。然后是肝，肝要养胆，这就是"肝胆相照"的本意。护肝养胆两个时辰，这就到了早晨三点了。在夏季三四点钟时，东方就开始天亮，这时候人们睡好了，也就养好了精神，胆汁充足也就有了胆量。"胆"字右边用"旦"表示读音，也是有它的道理，胆囊充实的样子就是圆圆亮亮的，像初升的太阳。

"疸"字，指的是一种病——黄疸病，还是念"dǎn"，因它指一种病，所以有了病字旁（疒）。"疸"的里面就是"胆"字的省略。这专门指胆在分泌胆汁的时候出了问题，什么问题呢？就是这生病的胆在分泌出胆汁以后，会使人的脸色发黄，所以说叫黄疸病。这其实就是肝炎，表明肝脏功能不好。这一个病症是与胆汁有关，所以"疸"用"胆"的省略兼表读音。

"坦"字为什么也用"旦"字来表示读音呢？用它表示读音与"旦"有关，土字旁表明与大地、土地有关，合在一起表示太阳升起来时光芒照在大地上，一览无余，没有任何遮拦地使阳光照射下来，把大地照得一片洁白。

土字旁侧重指大地，表达在平整的地面上太阳一出来，整个大地唰地亮了，一片洁白，所以有平坦、坦白的意思。

"袒"是衣字旁（衤）在左边，右边是旦的声音符号，古音中"d、t"不分。"袒"是指衣服一扒开露出白色的肉体为袒露，就像太阳从地面升起一样，原本遮蔽在衣服下的暗影一下子就没了。"袒胸露乳"就是衣服一打开，胸部就露出来了。

在魏学洢所著《核舟记》中有这样的描写："佛印绝类弥勒，袒胸露乳，矫首昂视，神情与苏、黄不属。"

疸
胆 小篆 说文疒部
疸 隶书 曹全碑
疸 草书 祝允明

坦
坦 小篆 说文土部
坦 隶书 曹全碑
坦 行书 王羲之

袒
袒 小篆 说文衣部
袒 隶书 袁良碑
袒 草书 祝允明

2. 旦→疍、蛋

我们再看"旦字家族"的另一组"疍"、"蛋"。

我们经常把圆形的东西叫圆蛋蛋，这个"蛋"字上面是一个"疋"字，下面一个"虫"字。疋是什么呢？读pǐ，它是跟脚有关，指走动。一个虫和脚怎么就成了蛋呢？其实蛋字是源于疍民的"疍"。

"疍"为疍民，也称"连家船民"。疍民指的是福建、广东、广西一带沿海地方的一种专门生活在水上的居民。他们基本不上陆地，一生大部分时间都在船上生活。天明了疍民伴着日出出海捕鱼，随着太阳的"旦与昔"而"出于归"，总似海面上的一轮圆日，所以把他们称为疍民——旦民，通宵达旦在水上之民。

此外疍民本身也有个特点，由于他们常年生活在船上，船篷低矮，于是总要弯腰驼背于船上，生活的条件和常年的习惯，使其形成了曲腿弓背的人体特征，如一圆形似"旦"活动于船间。

疍民起源有多种说法。福州疍民对自身起源的说法就纷繁不一，比如：自认是被汉武帝灭国的闽越人后代；宣称祖先是5世纪东晋时期反抗晋朝失败而逃亡海上的卢循军队残部；或者追踪到9世纪王审知入闽时被夺去田地、驱入水中的福建原住民；或自称14世纪元朝灭

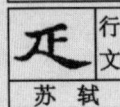

金文
古鉥

小篆
说文疋部

隶书
熊君碑

行文
苏轼

疍民与船篷

亡后为避汉人报复而下水的蒙古人后裔；还有归源流至14世纪的元末明初兵败下水的陈友谅余部等等。部分疍民的族谱甚至指祖籍于山西。而许多古代志书都认为疍民是秦汉时期亡国于西汉的闽越人后裔，即"蛇种"，而所谓色目人后裔的说法皆为疍民的附会之词。

现今学术界较主流的观点认为疍民主要源于古代的百越，疍民乃是居水的越人遗民，与畲同源。而福州疍民就源于百越中的闽越。福州疍民与福建其他疍民，以及与广东乃至华南沿海及浙江的疍民有着同源的关系，一些福州沿海的疍民是来自南下的浙江疍民。历史上部分福州疍民迁入浙江和江苏，而还有部分则又由浙江回迁福州。

"蛋"指飞禽所下的卵，一个圆圆的东西生出来，似"旦"出现，又叫鸟蛋。"蛋"与疍民的渔船外形相似，也与疍民的弯腰曲身于船中的外形相似，将"疍"字下面变成虫字，说明与动物有关。禽类生的卵都叫蛋，如鸡蛋、鸭蛋等，鸟类下完的蛋也正在鸟爪之下，即"疋"下，鸟孵蛋时的样子正是"蛋"字合成的意思，这个字十分形象。

此外还有一个"蜑"字，此为古字与"蛋"相通，为异体字。上面延字有延伸，进一步往前走动的意思，与"疋"相近，由此也可理解"诞"的读音了。

45

3. 旦→亶、檀、擅、颤、膻

我们再来看一个由旦再造的"亶"字。亶字再造字时，又造了很多字，组成了"亶字家族"。我们先说它本身。

"亶"字读音为"dàn"由下边的旦表示读音，那上面究竟是什么呢？其实，亶字上面是个古时粮仓的形象，粮仓是用席子一圈圈围成，用来装粮食的。那为什么粮仓又叫亶呢？

这里要知道古代粮仓的搭建与构造。第一，它必须是建在一个平坦的地面上，同时还要有一个台子，在这个台子上再建起一个大包，围成圆圈状。第二，这种结构下面不潮湿，且底部多高于地面，整体就像太阳从地平线上升起一样，所以下面用旦表示读音。

古代盛粮食的建筑上面是个圆形的，刮风下雨时可导流，不容易存水，以避免粮食受潮霉变。同时下有高台，高台之上再建有圆形粮仓直通地底，一个个粮仓，就像太阳从地平线上刚刚升起。

早在西周时期，我国古人就已经意识到了仓储的重要性，即能够应对意外情况的发生。《礼记·王制》中论述："国无九年之蓄，曰不足；无六年之蓄，曰急；无三年之蓄，曰国非其国也。"粮仓古时又称仓廪（lǐn），《荀子·富国》也有记载："谷藏曰仓，米藏曰廪。"

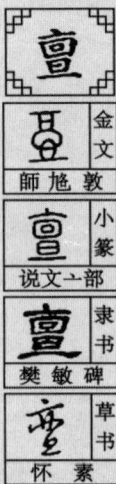

亶

金文
师㝬敦

小篆
说文·一部

隶书
樊敏碑

草书
怀素

古代粮仓

　　亶字上面是围起的粮仓形象，下面是粮仓底部的形象兼表读音和意义，合到一块为"亶"，指粮仓，读音与"旦"同。随后以"亶"再造的字，还是以"dan"音为根，如檀、擅、颤、膻，等等，它们都是"an"韵。那么用它的韵能干什么呢？这是用它的韵来暗含意义，所含的意义都跟这粮仓有关。

　　檀木的"檀"，即指我们经常说到的一种很珍贵的木料——紫檀木，它是很贵重的木头。今天能见到的檀木多为假的，并不是真正的檀木。真正的紫檀木比黄金还贵，且它又重又硬。为什么古人会把这种木头叫檀木呢？

　　首先，檀木是一种树木，所以左边是木字旁表示类，右边用表示粮仓的"亶"来表示读音。我们知道粮仓用来装粮食，一定会装得满满的，内部非常的扎实，而这种木头的木质芯就有这种特点。这个木头的内部特别夯实，且散发有粮食般淡淡的清香，所以人们把这样的一种木头叫檀木。又因为它发点紫，发点红，所以又叫紫檀；因时久而呈黑色，所以也叫黑檀；颜色若稍浅一些，则称为黄檀。

　　檀木的种类很多，关于檀木的分类也是一门学问，如何来辨认各种不同的檀木，将来我们研究家具的时候再针对这个字讲它的文化内涵。在这里就知道它是一种树，一种树芯就像装满粮食的粮仓一样扎实且散发淡淡清香的树，所以用"亶"作音表意，就可以了。

檀 小篆 说文木部

檀 隶书 高彪碑

檀 草书 鲜于枢

紫檀木

擅自一词，有独、专的意思。古时的粮仓多是官仓，不是百姓个人家的粮仓。

官仓是谁也不能乱动的，只有皇帝有权动用，例如赈灾，为大量的灾民发粮食；又如在战争期间，为大量的军队提供粮食补给，等等。所以，天下粮仓仅为一家——皇家，因此只有官方可以动，如果没有经过官方同意，而对粮仓动手，即加上"扌"就为"擅"，擅自的擅。所以"擅"字有独自，专一的意思。

颤字有两个读音即念"chàn"，又念"zhàn"。其繁体为"顫"，"页"字今天为简化字，其左边复杂的部分为"亶"，没有简化。"页"本指人的头部。那么页和粮仓有什么关系呢？

今天，我们可能都很难再见到过去古人往粮仓里放粮食的情景了。现在能见到的，都是机器传送带送粮袋进去，但在古代不是这样，古人要往粮仓里放粮食都靠人背。人们先将粮食装到大麻袋里，在粮仓入口处有很厚的大木板搭在地上，从地下往上搭起一个斜坡直通入口。人们便扛着大麻袋踏着垫板往上走，将粮食送进去。粮袋很重，人扛着粮袋走上木板，板子被踩得一抖一抖，人也跟着一颤一颤，头部（页）自然就跟着晃动，这就是颤动，读音"chàn"。

另在"打颤"一词中，它念"zhàn"，就是打哆嗦。一个人冷得浑身打颤，他的头也是在不停地颤动，有时也被写作"打战"。

这些表达，虽然从今天的字面上看不出与"扛粮食"有关，但它最初造字时都是从劳动人民的体验中总结来的。当你扛着麻袋走一趟,你就体会出"颤"的含义了。想来二百多斤的粮袋扛在身上走过踏板,一个来回现在的人恐怕就吃不消了,早已双腿打颤了。

"颤"的两个音其实表一个事，是一个事件所引出的两种现象，一个是身体带动头部的颤动，一个是腿部发抖的打颤，音和意根据不同的情况作出相应的变化，但都是这个字。

"膻"这个字也有两个读音，分别为膻（shān）和膻（dàn），读"shān"则是指羊肉的浓重气味，膻气味；读"dàn"为人体胸口处的一个穴位，膻中穴。

两种读音都与肉体有关，所以左边用肉月旁，右边用亶字作读音有什么意义呢？我们知道粮仓储存的时间长了，难免会有一股发霉的味道。当一块肉放的时间长了，也会发出腥膻之味，尤其以羊肉最为浓重，这就是膻气味。但羊膻味另有它字，今天已与"膻"合并，不经常使用，这就是"羴"，专指羊肉很大的羊臊气味。

"膻"字还多用在身体的穴位上，这个穴位叫膻中，在人胸口前的正中线上，两个乳头连线的中点。《黄帝内经》中认为"气会膻中"，说明膻中可调节人体全身的气机。在中医理论中它聚正气，以此有阻挡邪气、宣发正气的功效。

膻中

四、朝与乾字家族

　　"日字家族"中的这一组相对少一点，但是比较麻烦，分别是"朝"与"乾"。

　　早上起来太阳出来了，人们面对太阳的情况为"朝"，此时太阳的光朝着人面照了过来，叫朝阳。同时，早晨的水气和光亮随着太阳的出来而向上升腾为"乾"，乾坤的"乾"。

朝变化图	甲骨	金文	小篆	隶书	楷书
			朝	朝	朝

乾变化图	甲骨	金文	小篆	隶书	楷书
			乾	乾	乾

　　这两个字都跟太阳出来和日光有关系，由"朝"字领头组成一个家族，它们本身一开始并不完全一样，我们今天楷化以后，左边部分变成一样了。所以我们放在一块来讲，这就是"日字家族"里的"朝与乾字家族"。

1. 朝→潮、嘲

"朝"字念"zhāo"，也念"cháo"。"zh"、"ch"、"sh"古音是不分的，所以"朝"字的读音比较混乱。在面对着太阳的时候，一般说是朝（cháo）向，同时形容早上初升的太阳往往为朝（zhāo）阳，但是实际应用上有时依然混乱，尤其是在方言中。

朝字家族	甲骨	金文	小篆	隶书	楷书
		朝	朝	朝	朝

潮　　嘲謿

字形中楷书右边是个月，但是从古文字来看右边不是月而是一条河，非常清晰的一条河，中间还流着水。古文字中的甲骨文还没有找到，从金文的左边看到有一个太阳，河边有水草，清晨的太阳似从草丛里升了起来。

"朝"字实际也是潮水的"潮"，后来加以区别，增加了三点水（氵），指明与水有关。故有了"朝"与"潮"二字，但古代用字时二者一开始不加区分，都是写"朝"。

"朝"字形右边的"月"是什么呢？在"朝"字的小篆中为拴着的一叶小舟，本是个"舟"字，画了一条小船。太阳刚出来，河边拴了一条小船干什么呢？因为早上起来河水要涨，水面上涨不易看出，于是用小船的高低来提醒水面的

朝阳时分

上涨，所以叫"涨潮"；到了下午太阳落下时，水面也跟着降低，又叫"落潮"。于是跟代表船的"舟"有关，后书写为月。即使在今天海面的潮汐依旧与日月有着直接的联系。

所以"朝"、"潮"二字一开始是不分并用的。早上起来，日从地平线升起，如在草丛中升起，太阳的引力使水面开始往上涨，船也就升高了，所以用"朝"来表示早上。到了隶书时，书写有所变化，既不写河流也不写船，简化改成了"月"字。

古人后来的书写也有一定的考究，改成月也有人们对自然现象的观察。早上起来，太阳尚未完全出来，残月也还没有彻底落下去，这就是早上，但尚未天明。此时的太阳为朝阳，天边日月的霞光为朝霞。

楷书是根据隶书变过来的，统一写成了"月"，但是从古文字来看，金文和小篆最早是跟水和舟有关系的。也由此可以见，古文字当中朝阳的"朝"和潮水的"潮"是一个字。

"朝"字，后来又表示了朝（cháo）向。太阳出来了，早上人们是要看天气的，以便安排一天的事情，面对着太阳升起的地方，这就有了朝向的意思。

中国文化中，古人早晨起来要干什么呢？要先向老人问安，家族中有庙，早上起来要先敬祖，庙是今天的简化字，其繁体字写为"廟"。后世大臣们早上起来要到皇帝那里上早朝，拜

潮

金文 陈因贲敦
陶文 古匋
小篆 说文水部
隶书 納功德敘

朝霞

廟

金文 虢季子盤
小篆 说文广部
隶书 禮器碑
草书 王羲之

52

朝就源于最早的拜庙，时间都是在一大早，"朝
阳"的时候。大臣们去的地方叫朝廷，一早，
大臣们到了皇帝那里，皇帝坐在庙堂之上，大
臣们在下面都朝一个方向跪拜，有人宣喊"各
家有本早奏，无本卷帘散朝"。这个厅很大，
就是上早朝时大家朝着一个特定方向站立的大
庭，所以这个地方叫朝廷。

"朝"字再造的除了本身演绎的"潮"以外，
还有一个嘲笑的"嘲"。

我们经常把对着一个人说他不好，取笑他
叫做嘲（cháo）笑。加口字旁表示一种声音，
"朝"表示面对着，对某人发出讥笑的言语声，
就是嘲笑。有时人们也用言字旁写为"謿"。
二者一个侧重笑声，一个侧重言语，今"謿"
字已然完全消失。

用"朝"字再造的字，从楷体来看是这两个。
由于朝字左边，上头是个十字，下面是个十字，
中间是个日字，和后面的"乾"、"韩"等字
有这相同的一半，所以我们放在一起讲说。

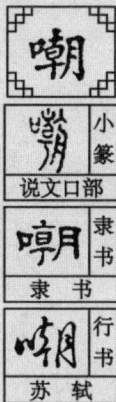

嘲

嘲 小篆
说文口部

嘲 隶书

嘲 隶书

嘲 行书
苏轼

乾

乾卦

2. 乾→幹（干）、韩、翰、瀚

"乾"有两个读音，一个读音为"qián"，用在中国八卦上有乾坤，另一个读音为"gān"。学习中国古文化，一定会遇到这个字，它作为乾坤的"乾（qián）"，从来没有简化过。同时，今天"乾"已被当做"干"字的繁体字了，读音"gān"，表示干燥。

乾字家族	甲骨	金文	小篆	隶书	楷书
			𩆜	乾	乾

干幹　　韩韓　　翰
瀚

乾坤的"乾"字，是它的本字，不存在繁体和简化的问题。它的甲骨文、金文我们还没有找到，从小篆上可以看出，这个字跟太阳升起来有关。"易"字，我们一开始讲了，它是太阳发射出来的光芒。"乾"字右边是"乞"，气往上行（古字中"气"、"乞"二字同为一字，隶书时分为两字），合在一起表达了与太阳有关的光和气。隶书中，左边的易上一点一横为古上（丄）字，有高的意思，下面仍旧是表示太阳光与热的"易"，右边是空气中大气的"气"变形而成的"乞"字。左右合在一起，表示向上高高升起的太阳发出光和热，蒸腾了清晨的水气，使大气变得干爽。

54

楷书根据隶书进行楷化，它在和坤字作比较的时候，组成"乾坤"一词，乾就代表气、代表光，升至高空变为天，故有"天乾地坤"之说。

除此之外，"乾"还被认为是"干"字繁体的应用。太阳出来放出光和热照到树干上，树干上的水分就化作气体升腾了，久而久之失去水分就干了。所以由"乾"再造字，把右下的"乙"换成一个树干的"干"，指明是树木枝干上的气体升腾了，就有了表示干湿的"榦"。

"乾"指大自然的水气升腾，空气干燥了；"榦"指事物本身的水气升腾变得干燥了。简化汉字的时候，我们嫌其难写，就直接用"干"字表示干湿、干燥的"榦"，并废弃此字。于是今人只得用"乾"来作为"干"的繁体。

"干"字本指古代用木杆所造的用于格斗的武器，后演化成盾，我们在讲文部时，对这个字有专门分析过。今天早已本意全无，其实它最早也就是一个带有丫杈的树干，用来招架抵挡。

"韩"字的繁体为"韓"，读音为"hán"。右边是一个"韦（韋）"字，左边仍旧是光闪闪的意思，右边"韦"是什么意思呢？在《第二辑·文部》一书中，我们讲过"韦"，它是围绕的意思。"韩"就表示围绕着一个光闪闪的东西。

幹 金文 古鉨

幹 小篆 说文干部

幹 隶书 武荣碑

幹 草书 王襄

干 甲骨文 佚·587

丫 金文 毛公鼎

半 小篆 说文干部

干 隶书 衡方碑

这里需要我们多说一些，现在"韩"字只用在姓氏上，或地名上，例如，陕西有个韩城，我国东邻有个韩国。

其实"韩"的本意指的是井垣，井就是古代吃水用的水井。古代水井的重要性就像太阳一样，早晨太阳出来了，人们到水井边去打水，此时也就快天亮了，家禽等小动物们也要出来喝水，人们为了防止动物跑到井边取水而弄脏了水源，于是用"干（幹）"木棍把井口围了起来，这个圈就是"韩"，这是它的本意。从小篆上，我们便可十分清楚地看到是由"韦（韋）"替换了"幹"字右下角的"干"，后人为了书写方便，又去掉了右上角代表"气"字的省略人形，这就有了"韩"字。

后来，古人围着水源生活，即在水"韩"边生活，长久以往形成城邑、城郭，它就成了地名，又变成了古国名——韩国。韩国是战国七雄之一，起源于三家分晋，随后又变为姓氏——韩姓。

春秋末年，晋国大夫赵襄子、魏宣子和韩康子于公元前433年先行暗杀智伯，然后再将晋的领地瓜分，成为三个诸侯国。后世历史学家将韩、魏、赵三国与秦、楚、燕、齐合称战国七雄。

用"韩"字再造的字也念"han"，常用有翰林的"翰"和浩瀚的"瀚"。

韓	
韓 金文 古籀	韓 隶书 孔稣碑
韓 金文 伯晨鼎	韓 行书 王羲之
韓 小篆 说文韦部	韜 草书 董其昌

"翰"念"hàn"，它指写字用的笔，后多用于翰林一词。但笔也不是它最初的意思。其右下角是个羽毛的"羽"，和左边搭配，表示高处光闪闪的羽毛。其实它的本意是野鸡的硬翎，野鸡的尾巴五光十色，飞起来时经阳光一照，就显得光闪闪的。故有"鸟羽长而劲为翰，高飞持之"。

羽，表示羽毛。古人早期曾用羽毛做笔来写字，所以它又表示笔。汉代《扬雄·与刘歆书》记载："雄常把三寸弱翰，齐油素四尺，以问其异语。"油素指光滑的白绢，多用于书画。

后来"翰"指代笔，翰林一词就是指笔墨林立，表示很多。什么人笔墨很多，那当然就是文人。始为能人文士的供职机构，自唐玄宗后，演变成了专门起草宫廷机密文书、诏制礼仪的重要机构——翰林院，翰林院是中国古代以文学供奉宫廷的官署。

"瀚"字是"翰"加水（氵）组成的，念"hàn"。羽毛光闪闪，加三点水表示水光闪闪，指大片的水域，波光粼粼，于是有多、有大的意思。浩瀚的"瀚"就是指水特别多的意思，更有瀚海一词。

唐人岑参一诗《白雪歌送武判官归京》中就有这样的诗句："……瀚海阑干百丈冰，愁云惨淡万里凝……"

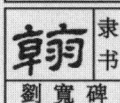

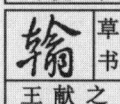

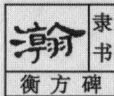

翰 翰 小篆 说文羽部

翶 隶书 刘宽碑

翰 草书 王献之

翰林院

瀚 瀚 小篆 说文水部

瀚 隶书 衡方碑

57

五、昌字家族

朝阳出来后，天就要大亮了，这就是该"明"、该"昌"了。但"明"字我们要放到"月字家族"里头讲。因为，没有月亮，就没有这个"明"字的自然现象，这个自然现象你看不到，也就不要说这字的出现了。

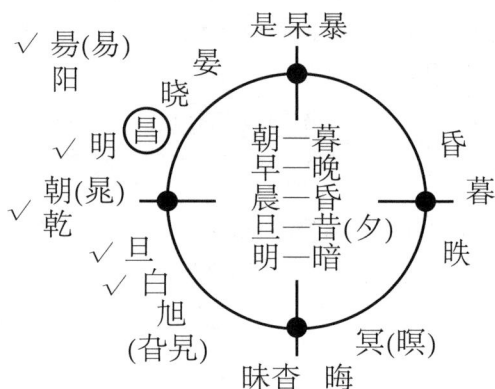

我们将讲过的"昜"、"白"、"旦"、"朝与乾"都打勾，按照太阳上升的顺序，所以我们接下来讲"日"字下面的"昌"字，以及"昌字家族"。

"昌"字读音为"chāng"。我们今天来看像两个日字叠加在一起。从字体演变过程来看，其中隶书也像两个日字，楷书从隶书发展而来，它俩形体是一样的。但小篆却略有不同，小篆字体的下面是什么呢？下面是张着口说话，那个字是"曰"，念"yuē"，子曰诗云的"曰"，上面是个太阳"日"。那么表示说话的"曰"

跟表示太阳的"日"有什么关系呢？

"日"和"曰"如何区别呢？"日"和"曰"都属于象形字。"日"象太阳形，轮廓像太阳的圆形，一横或一点表示太阳的光。"曰"则象口形，加上的短横表示声气，指事，本义为"说"。

我们再来看"昌"字的金文，金文下面像一个大口，似口中出来个太阳。太阳那么大，怎么能从口中出来呢？实际这是最早歌唱的"唱"字，"昌"即是"唱"。当然也有人认为金文下面所画是表示大地，远方升起了太阳，太阳光又把那片宽敞的大地照得十分明亮。

从隶书和楷书来看，像是太阳升起的越来越高，上面有太阳，下面有倒影，红日当空一片兴盛，所以为昌盛。总之，不管是什么，用它再造的字多跟"chāng"的声音相同或相似，都跟歌唱有关。

昌字家族	甲骨	金文	小篆	隶书	楷书
		⊕	昌	昌	昌

唱 謟　　　菖　　晶
倡　　　　閶
娼
猖

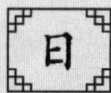
日

甲骨文
甲·7731

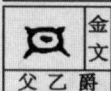
金文
父乙爵

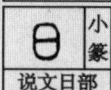
小篆
说文日部

隶书
史晨奏銘

曰
甲骨文
甲·2393

金文
毛公鼎

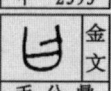
小篆
说文曰部

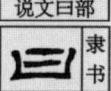
隶书
太公望表

1. 昌→唱、倡、娼、猖、菖、阊

唱

唱
小篆
说文人部

唱
隶书
景公勵銘

　　我们唱歌、唱曲都跟口有关，所以口字旁表示类，右边一个"昌"表示读音。为什么用"昌"呢？实际上古代的"唱"跟今天的唱歌的"唱"并不一样。古代"唱"是指"一唱一和"，要拉长声音来喊。此外"唱"字另有异体字为"誯"，早年在选举的时候就要唱票，人们选一个人来唱票，"张三一票……，李四一票……"，等等，而不是现在的"念"，那就是拉长了声音的唱。拉长的声音才是"唱"的本意，所以读音与"长"相同。

倡

倡
小篆
说文人部

倡
隶书
孫叔敖碑

　　那么发出唱声的人呢？就是那提倡的人，我们称为倡导者，这就有了倡导的"倡"。指人，故加了单人旁（亻），再造了提倡的"倡"。"唱、倡"二字意义、声音非常接近，"唱"则强调的是声音；"倡"则强调的是人，提倡者、倡导者所提出的建议就是倡议。"倡"是后来分化出来的，它们都是在"昌"的基础上再创造的字。

娼

娼
小篆
说文人部

娼
隶书
曹全碑

　　"倡"字后来又改为"女"字旁，造了"娼"字。我们现在最常见的是用在"娼妓"一词上。"娼"本意就是卖唱的女子。"妓"字，一个"女"一个"支"，"支"是技术的"技"的省略，读音保留，所以这个字仍念"jì"。娼妓一词指的是卖说唱技艺的女子，这个词本身并没有坏的意义。

娼妓也称为歌妓，由于这些人出身都比较贫穷，在社会上处于劣势，为了生存常常出现被富人包养的现象，后来在社会大潮中成了贬义词，泛指品行不端的女子。

"猖"指嚎叫的狗。反犬旁"犭"的本意就是指大狗。疯狗使劲地叫，嗷嗷地叫，长时间地吼叫，声音拉得很长。疯狗不管看见谁都叫，还可能咬人，极其狂躁。所以将反犬"犭"与"昌"合在一起，昌字表读音，这就是猖狂的"猖"。

"菖"字上面一个草字头（艹），显然说明这是一种草，叫菖蒲。菖蒲有大小两种，都是水草。我们认识了"昌"字，如果下面是"日"，那只有在日出东海的时候，太阳在水中会有倒影。

水草是长在水里的，东海不常见，但河流与湖泊常见，因长有水草且很茂盛，故有昌盛之意。又因为水域里的水草长得很茂盛，铺天盖地，似无人管束而猖狂地生长。于是起名为菖，叫做菖蒲。

"菖"和"蒲"并不一样，"蒲"字是"甫字家族"的成员。关于草木、动物、器物的各种命名及其原由，日后在万物命名一书中，我们再作统一介绍。

菖蒲

小篆
说文门部

隶书
刘宽碑

草书
董其昌

北魏宫城遗址阊阖
门复原图

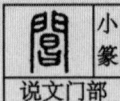

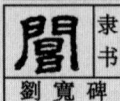

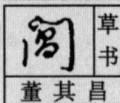

　　我们再说一个"阊"字。"阊"字组成的词为"阊阖"，是一种门。它是什么门呢？中国古代神话小说的《西游记》中就有此门，它也跟太阳的升起与降落有关系，门开而日出，门闭而日落。因此门非常之大，故有"昌盛"的意思。

　　《西游记》中，孙悟空大闹天宫时要经过一道门，那道门就叫"阊阖门（chāng hé mén）"。人间和天庭，人和神仙之间有一道门，这个门便叫"阊"，就是天门。这个阊阖门下面就是人间，上面就是天庭。天门打开叫"阊"，关上叫"阖"，故为"阊阖门"。

　　此门除了神话，便指皇帝的宫门，《晋书·齐王冏传》："乂叱左右促牵出，冏犹再顾，遂斩於阊阖门外。"《魏书·孝静帝纪》："甲寅，阊阖门灾，龙见并州人家井中。"宋万俟咏《三台·清明应制》词："清明看汉宫传蜡炬，散翠烟飞入槐府。欲兵卫阊阖门开，住传宣又还休务。"明李东阳《弘治庚戌三月十五日殿试读卷东阁次都宪屠公韵》："阊阖门深紫殿春，先朝旧典一时新。"

62

2. 昌→晶、星

关于"昌字家族",我们要再多讲一个"晶"字。因为"昌"也可以看作像两个"日"字,所以我们把三个"日"的"晶"也在这里一起讲了。汉字简化后,使现代汉字中的"晶"字成为孤例,但在古代造字时,它所衍生的汉字便是星星的"星",古文写为"曐"。"晶"字下面一个生产的"生",这就是最早的"星"字,这个字我们归在"生字家族"。

"晶"的甲骨文中三个"日",表示很多小太阳,代表着天上耀眼的星星。夜里,天上的星星就像很多小太阳一样在发亮,其本意指的就是星星。后来人们发现有一些物体,比如咸盐、矿石等,这些物质的凝结体一块一块的,也发出闪烁的光,就像无数的星星一样。于是,人们把这些物体叫做了晶体,泛指一些闪闪发光的物体,其实它本身不能发光,而是反射光线。后来为了与天上的星星有所区别,便把"晶"当作晶体,又另造了"曐"指天上的星星。

"曐"就是"晶"字加上生产的"生",表示天上很多的星星,一个个小小的就像小太阳,好似是太阳生出来的一样。简化汉字时,嫌三个"日"的书写过于麻烦,就变成了一个"日"加下面的"生",这就是今天星星的"星"。

晶体

六、是字家族

太阳越升越高，越升越高，这天就到了拂晓。

"晓"字念"xiǎo"，右边是个"尧（yáo）"字。"尧"有高的意思，晓表示太阳升得高了。因为"尧"同时还做了"晓"的读音，所以拂晓的"晓"，我们归在"尧字家族"里。

√ 易(易)
阳
　　晚
　√明　√昌
朝(晁)
√乾
　　√旦
　√白
旭
(旮旯)

（是）呆 暴
　　晏
朝—暮
早—晚
晨—昏
旦—昔(夕)
明—暗

昏
　昳
　暮
　昳

冥(瞑)
昧杳　晦

拂晓过后，太阳继续升高，这天眼看就要全亮了，有的人还没有起床。此时有了"晏"字，念"yàn"，日字下面一个"安"字，是较晚才起床的意思，有安定，安乐之意。"晏"本身开始也有宴会的意思，同"宴"字。人们在清晨太阳光的照耀下安祥地吃着、喝着，很安逸。

在古时民间待客往往和现在待客不同，是在中午之前，这时的天气也暖和，人也精神气爽，十分安宁，万事都很安稳，都取了一个"安"

的意思。后来"晏驾"，专门用于称呼帝王之死，平安死去，驾云升天。

"宴"字，则是把"日"放到了"安"字里面，它们的读音也跟着"安 ān"，将来在"安字家族"里我们也会详细讲。

太阳往高里升，升到最高的时候又出现了一个"杲"字，与之相互对立的是"杳"，都有一棵大树。

"杲"字，是太阳在树最高顶的时候，就是正中午的时候，念"gǎo"，这就是午时；"杳"字，是太阳到了树根下面了，念"yǎo"，杳无音信的"杳"，遥远得看不见踪影了，这就是子时。这两个字，中国古人造得非常形象。

在"杲"字的位置前面，太阳在哪里呢？这就为"是"字。在"杲"字的位置后面，紧跟着的是与太阳有关的"暴"字。

是变化图	甲骨	金文	小篆	隶书	楷书
		昰	昰	是	是

我们今天看"是"字的样子，上面是个"日"字，一定跟太阳有关。下面是什么呢？实际是个"正"字，正确的"正"，表示正对着"日"，书写为"昰"。隶书字形下面改为"之"字形，有走向太阳的意思。小篆则非常清楚下面是个"正"。当然也有人说是太阳刚出来，"是"字上面是个"旦"字，下面是个脚对着太阳走，这个解释也可以。

我们再来看金文，金文上还加了一个手，太阳出来了，脚朝着太阳走，为什么还有一个手呢？所以，从古字形上，就不能随便说是走向太阳的意思了。此外，它为什么念"shì"呢？我们天天看电视，那电视为什么也叫"shì"？因为这个读音有用眼睛看的意思。

"是"本身的意思就是用眼看，所以"是"与电视的"视"同音，同音往往同意。古人看一个东西，如果看不清楚，不像现在有电灯能照亮，那古人怎么办？人们就拿起来对着阳光处照一下，这就清楚了，看清了。所以"是"就是正对着日光的意思。这样，用它再造的字，都有正对着的意思，而且有往上的概念。

是字家族	甲骨	金文	小篆	隶书	楷书
		是	是	是	是

匙　　　提
题题　　醍
　　　　堤

"是"字再造字有几十个，但简化后常用的不多，它们都用"是"来表示读音符号。在读音为"di"与"ti"时，"d"、"t"的古音是不分，同时不论"di"还是"ti"，读音和"shi"的韵接近，并主要借用了其正直向上的含义。这就是"是字家族"。

1. 是→匙、题

"是字家族"中，我们第一个要讲的是"匙"字，念"shi"。每个人身上几乎都带着钥匙，"是"字表示读音，然后我们要弄清"匕"在这里是什么？我们在《文部》的器物部分讲到过，"匕"就是小勺，是用来舀东西的小勺子。钥匙的"匙"还有一个读音，念"chí"，汤匙。所以，"匙"本身的意思是小勺，那怎么又表示成钥匙呢？那就要看看古代的"钥匙"是什么样子。

在古时钥是"钥"，匙是"匙"，是两个不同的物件，只是我们现在混合成一个词，指一个物件了。今天我们分为锁子，钥匙二件，这是我们现在人的归类。而最初钥匙一词，分别包含了钥和匙两个物件。"钥"就是我们今天说的锁子，它的繁体为"鑰"，而锁本身则是指锁链。"匙"就是用来打开锁钥的小勺形工具。

古代的"锁"是什么呢？它专指带有铁链的锁链。

古人的造字分类非常有讲究，我们一定把字的本意搞清楚，才能读懂祖先给我们留下的文化。不然的话，很多优秀文化我们很难理解，更不要说继承了。例如，在山西有一个代县，还有一个忻州，都在太原的北边，在旧城门楼上面写着四个字"北門鎖鑰"。

什么意思呢？比喻这个地方十分重要，好

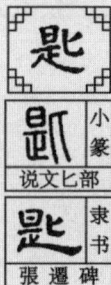

锁

"北門鎖鑰"现址

比中原北门上的锁钥，守护着门户。它的地理位置非常重要。在其铭牌"北門鎖鑰"上有写"钥"，但没有写"匙"，因为它不是一个你可以随便打开的地方。锁是锁链，钥是锁子，二者紧紧地看护着这里。

你如果不知道每个字的意思，你一定读不懂它，更可能以现在眼光误解其中的文化。所以，我们在讲钥匙的"匙"的时候，首先要弄清楚"匙"是用来开锁或开钥的工具。我们今天说的锁在古代是"钥"。

钥与锁都是金属做的，所以都是金字旁（钅）。"钥"右边是个月亮的"月"，是今天的简化字，但它也是有道理的，因为它的形状就像半个月牙一样，月牙两头中间有一个横卡，一卡就锁住了。其繁体字"鑰"的正解，我们在"月"或"龠（yuè）"字族里讲。

"匙"的形状则像小勺一样，一头宽一点儿，它要插进孔里去，就必须是正对着锁孔。锁子之所以打不开，是因为里面有个卡子在锁里面撑着提不出来，插入对应的"匙"，把卡子往里一推就卸掉了撑力，卡子就能拿出来了，锁也就开了。"匙"的另一头比较窄也便于佩戴，整体像小勺一样，所以右边用个"匕"来表样子。钥匙的"匙"，有正确和正对着的意思，钥匙拿得不对，或是没有对准锁孔，都是打不开锁子的。

鑰	龠
鑰 小篆 说文金部	龠 甲骨文 珠·276
鑰 隶书 蚕道人	龠 金文 散盤
鑰 行书 秦襄	龠 小篆 说文龠部
	龠 隶书 桐柏廟碑
	龠 草书 王羲之

古代的
"鑰"与"匙"

　　"题"字为"是"与"页"组合，读音"tí"，题目的题。关于"页"字，我们在讲《文部》人体的时候也讲过了，指的是人的头部。那么"题"跟头有关，指的是什么呢？其实，眉毛上方额头的部分，就叫题。

　　眼睛上面额头的部位平正宽亮为题，人们看东西如果看不清就要往上提，提到眼前来对着光使看得真正，看得清楚。

　　我们今天写文章要有题目，这篇文章不管多长，一开始最先看到的就是正文的最上面，好比人的额头位置最为醒目，这就是题目。

　　"题目"一词跟前面讲过的"钥匙"、"阊阖"一样，虽是一词，但组词的字却各有各的意思。"题"和"目"还不一样，使用时混成一词一意，通通叫题目，这是不准确的。

　　其实，文章最上面一行，醒目宽敞的地方叫"题"；下面写的文字要非常简明准确，像看到人的眼睛一样有神，并吸引目光以便醒目，那叫"目"，合起来叫"题目"。所以，题目不是随便写的，还要推敲、提炼，才能引人注目。大体上是总的大标题叫"题"，下面的副标题或简述纲目叫"目"。

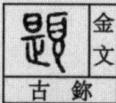

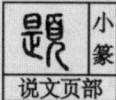

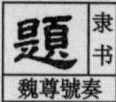

题
题　金文
古鈢
题　小篆
说文页部
题　隶书
魏尊號奏

题
眉
目

2. 是→提、醍、堤

"提"字用在"提起"时念"tí"，用在"提防"时念"dī"。人们用手把一个东西正直地从底下往上拿起，这叫提。只有抓着一个重东西的顶部往上升起时，才能说是提。例如我们常说提着一桶水，就是用手抓住水桶像人额头一样的顶部，用力使其升高。关于念"dī"的含义，我们在接下来的"堤坝"中会分析到。

"醍"字也是念"tí"，此字较少使用，但却有一个很经典的成语"醍醐灌顶"。醍醐灌顶出于《敦煌变文集·维摩诘经讲经文》中"令问维摩，闻名之如露入心，共语似醍醐灌顶"之句。寓意是听了高明的意见，使人受到很大启发，烦思瞬去，神情清凉舒适。那么"醍醐"是指什么呢？首先它有一个"酉"字旁，应该跟酿酒有关。

李时珍在明朝时所著的《本草纲目》上，记载了猪乳能治小儿惊痫、抽风；狗乳能治夜盲症；还记载了羊乳的功能是"甘温无毒、补寒冷虚乏、润心肺、治消渴、疗虚痨、益精气、补肺肾气和小肠气"；其中对牛乳的描述最多，诗称其为"仙家酒"。名医李时珍的这首诗流传甚广，录其原文如下："仙家酒，仙家酒，两个葫芦盛一斗。五行酿出真醍醐，不离人间处处有。丹田若是干枯时，咽下重楼润枯朽。

图注（左侧竖排）：

提 小篆 说文手部

提 隶书 景君勋铭

醍 小篆 说文酉部

醍 隶书 蝥道人

醍 行书 王羲之

清晨能饮一升余，返老还童天地久。"诗文中提到了"醍"和"醐"两个字并且联训，指的是，按古法经若干复杂工序而制得的一种质地粘厚的发酵乳脂。事实上，在中国语言文字里，这两个字并不是同时一起产生的。自东周初或春秋始，"醍"字意为好酒，而且一直沿用至今。

今天人们对醍醐有两种解释，一种说是熬制奶酪，奶酪熬完时最上面那层奶皮为醍，非常香，是酥酪上凝聚的油脂。而"醐"是一种糊状的稠酒，奶酪般的油脂。当你又渴又饿的时候，提起酒壶一倒灌顶入口，顺食道温畅而下，太舒服了。一说"醍醐"指的是一种酒，这种酒酿制得非常好，并带点红黄色，一种米酒的颜色，酸酸甜甜还很有营养，这种较清的赤红色酒为醍。

总之，不管它是什么应该都跟发酵、酿造有关，所以左边是个"酉"字。"酉"是个酒坛子的形象。右边的"是"实际为"提"的省略，指酒提子，一种取酒的器具。不管是酒，还是酥酪上的油脂，你都得找个器具盛出来，那就是用酒提子，从罐子里自上而下垂直的提出来，所以用了"提"的省略表意并兼作读音。

酒提子

河堤的"堤"念"dī"，河堤的堤坝则需正对着河岸。这个字，有写成土字旁的，也有写成阜字旁（阝）的。大自然中有像一个山坡似地挡住水路的天然堤坝，那就是耳朵旁的

"隄"；人筑的堤是用土石堆砌起来的，所以为加土字旁的"堤"，人造河堤。它们都是正对着河岸，不让水漫延过来。后来在整合文字时，以大包小，就保留了"堤"。堤防的建设能防止河水泛滥，不使洪水祸及百姓，于是造河堤、堤坝的"堤"字。

"堤"和"坝"又不一样，"坝"的繁体为"壩"，也有很浓厚的中国文化在里面，我们在讲"霸"字时再讲它的主要文化内涵。所以，我们一直在反复重复一些话，就是学中国字，一定要把一个字一个字的原本搞清楚。你不知道它是怎么来的，那你以后一定不知道它会变成什么样。

例如，堤坝一词中"堤"是为了防止河流水泛滥时越过河岸冲毁村庄，人们提着土石把河岸两边加高垫实，提防洪水漫过河岸而殃及人们的生活，因而有提防之意。而"坝"则是挡住河水不使其通过。"拦河大坝"雄伟而又霸气，最著名的就是三峡大坝。

"壩"的右边就是霸占的"霸"，霸占住河道使河流受阻不能前行，为下游人民的安全做准备，这才是坝。所以"堤"和"坝"并不一样，其实他们的读音依然把它们区分开了，只是意义的内涵大家不清楚而已。

黄河大堤

三峡大坝

七、暴字家族

　　生活中，我们一般在太阳正中午时是不允许看太阳的，因为此时的阳光直射地球，太阳的光线特别强烈，如果你去直视太阳会被灼伤眼睛。此时为"杲"字，念"gǎo"，日升到最高点似在树的最顶端。"杲"字的正中午之前我们讲了"是"，随后太阳进入一天当中最炎热的时候，就是"暴"。

　　在"日字家族"的大范围中，"暴"字是个小家庭。

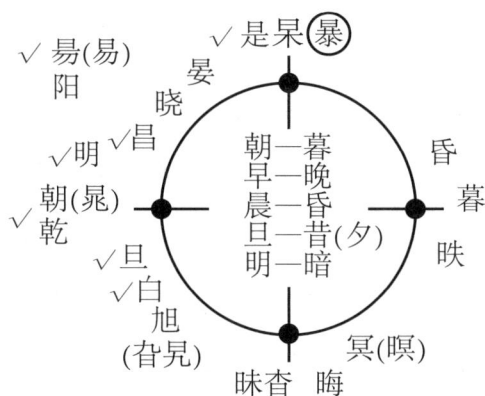

　　我们学过自然科学会知道，太阳在中午 12 点至 14 点是一天当中最热的时候，此时太阳的光特别强。在上午，大气中还有潮气，潮气再往上升的时候是具有阴性的阳气，太阳的阳光不断散去，这些气体、水气不断受热越升越高，逐渐被太阳蒸干，当太阳升到了中午的位置时，就开始以最大能量为大气和地球加热，此时的

空气与大地开始变得最为干燥，再往下的这一段就是一天当中最热的时候了，也就是我们接下来要讲的"暴"字。

在这里，我们要讲讲中国的二十四节，二十四节当中的四个大节气里，春和秋讲"分"，冬和夏讲"至"。春天和秋天为什么讲"分"不讲"至"？是因为春天和秋天，两季中白天和晚上的时间长度是相等的，这两个时期恰似平分日夜。冬天和夏天，一个是最热的时候，一个是最冷的时候，分别为太阳在至高或至低的时期开始，所以为夏至和冬至。节气中"夏至"不是最热，这是夏天的热开始到了；"冬至"也是一样，冬至不是最冷，而是从这天开始冬天的冷开始来了，天气开始变冷。古有俗语为"冬至一阳生，夏至一阴生"的说法，冬天阳气开始生，夏天最热的时候阴气开始出现。以后，我们在学二十四节时，讲"阴阳"就要知道这一点。

关于"暴"字，还有另一个字体差异较大的字体"虣"，我们先看今天规范了的"暴"。

人们常在正中午之后来晒东西，因为这工夫的阳光是最强烈的。东西长时间日晒，会被晒裂，裂开的声音便是发出的噗噗声，这就是"暴"念"pù"音的由来，如"一暴十寒"。当裂开声音更为剧烈时，这个字也读成"bào"，是模仿爆炸、爆裂的声音而来的。这个"暴"字，到底是怎么造的，使其古文字前后差异较大呢？

暴变化图	甲骨	金文	小篆	隶书	楷书
	𣆪	䮃	暴	暴	暴

我们先看其楷书，楷书上面是一个日，表示用太阳晒；中间是个"共"字，表示很多手在一起，下面像水又不完全像水，从隶书看它是个"米"字，还原到小篆也确实是个"米"字，同时双手的样子也很清楚。为什么不是水而是米呢？因为古人经常要晒的不是水，而是粮食，使粮食脱水便于储藏。同时如果粮食有了虫什么的，拿出来晒一晒，这虫子就会爬出来了，粮食在高温的日光下久晒就会爆裂。后来字形书写中"米"字逐渐趋向了"水"字，多半因其草书的形体所致。不过古人也常有在烈日下晒水，用于洗澡，今人夏天也还有如此洗澡的。

另外从小篆来看，日下面是个"出"字，"暴"字的一个异体字为"暴"就是看似一个"出"的字在日下，似两手捧出米来暴晒。

但如果按照这个思路往前推，我们会发现这一思路与甲骨文、金文区别很大，很难有所联系。金文字形为今天"暴"的另一个异体字"虣"，古文字学家认为左边是个老虎，右边是个大斧头，即一把武器，意思是什么呢？手拿着兵器正与野兽搏斗，搏斗的场面必是非常暴烈的，这里不是指太阳的晒，而是指的人与野兽之间搏杀时的残暴。这正是一幅人拿着武器与兽中王的虎搏斗的场面。异体字的"虣"就是野兽残暴、凶暴的意思，后归到字形"暴"中。

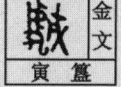

暴
異 草书 王羲之
暴 草书 曹申锡
暴 行书 赵孟頫

暴
𣆪 甲骨文 前1·5
䮃 金文 寅簋

75

"暴"的甲骨文，我们看到像是一颗鹿头，头上还有很大的鹿角，这又是表示什么呢？上古时期我们的先人一定是打不过老虎一类的猛兽，中原多草原而鹿多，人们早期的狩猎主要以鹿为主，后传为成语"逐鹿中原"。原始的捕猎很是辛苦，古人手持简单的木棒与鹿搏斗，主要面对的威胁就是鹿角，而且鹿与鹿之间的争斗有时也很激烈，甲骨文中带有鹿角的鹿头正是对暴烈场面的一种代表性描述。此外，在鏖战的"鏖"中还能看到人鹿搏杀的样子。

古文字学家认为甲骨文、金文和小篆，虽然造字时的字理不一样，但都是表达了一个意思，既有暴烈又有残暴的意思。后来古人进入了农耕时代，虽还有打猎，但已不是主要的生产活动，于是逐渐用"暴"字表示残暴，并传至今日，似乎也传达了古人趋于安康，愿能摆脱搏命的日子之愿景。

逐鹿中原

暴字家族	甲骨	金文	小篆	隶书	楷书
	🦌	🦌	暴	暴	暴

曝　爆　瀑

"暴字家族"的字族非常清晰，组合的字也不多，家族首领"暴"字，今用在人或动物行为的残暴、性格的暴燥上。由"暴"组成的主要三个字：强调阳光的"曝"，强调用火烤得爆裂的"爆"，强调水火虽不相容但却是阴阳相合，水势凶猛的"瀑"。

暴→曝、爆、瀑

　　"曝"字，我们在字典上看它的注音也有两个，一个为曝光的曝，读"bào"；一个为一曝十寒的曝，读"pù"，与一暴十寒一样。它的古音本就有暴裂时噗噗的声音"pu"。其实"暴"和"曝"为古今字，也就是说先有"暴"字，后来暴用于表示残暴、凶暴之意，原本太阳光下的暴晒之意失去，又加"日"重造了"曝"字，进一步分化，加重了太阳光照的意义。

　　"爆"念"bào"，火爆、爆炸之意。这就不是用太阳晒了，而是用火烧，用火烤，之后也出现了爆裂现象。跟火有关，专指因火而起的爆裂，所以加一个"火"字旁，进一步分化了"暴"字。

　　瀑布的"瀑"念"pù"。瀑布自然就是说水，大量的水从高处往下流，发出噗噗的声响，坠到下面溅起的水花四处飞散，有水花爆炸的样子，所以这种水势为瀑。由于这种水，往往都是从山上往下流，连续不断，看上去像一条布带，所以又叫瀑布，实际"瀑"字就指瀑布。加"布"是为了进一步说它像一条布带的形象。

曝

日暴　隶书　曹全碑

曝　行书　敬世江

爆

爆　小篆　说文火部

爆　草书　唐太宗

瀑

瀑　小篆　说文水部

瀑　隶书　懷功勛銘

瀑　草书　赵孟頫

八、昔字家族

　　大自然中，太阳升得再高，阳光再强烈，最后还要日落西山，到黄昏这个时间段去。黄昏的"昏"字，我们在"氏字家族"里再讲。"氏"本就有低的意思，下面加个点"丶"，特指是低的位置。把点"丶"换成"日"字，就是太阳低下来的位置，黄昏的时候。"昏字家族"中我们会讲结婚的"婚"，其中关联着古代中国婚俗文化的很多渊源。

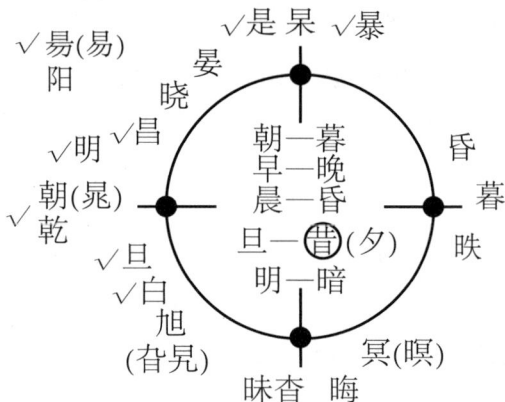

　　太阳落下山来，远远望去好似落到一片草地里，这就有了"暮"字。它的古文字上面是草（艸），下面的"大"字原本也是草的样子（艸）。"暮"的本字最早没有下面的"日"就写作"莫"，其古音为"mù"，今天我们念作"mò"，并分别使用。"莫"字中间是个"日"，上下都是草（艸）。如果四周都是草，那就是"茻"。

这些我们会在"草字家族"里面要讲。"莫"、"暮"、"茻"、"莽"这些字都包含在"草字家族"里的。

太阳再往下走，就该落山以后了，就好像被大山盖住，似落到了山下或水里，于是有了"冥"字。"冥"下面的"六"是陆地的意思，古代书写中"六"的大写就为"陆"。冥字就形象地画出了太阳被盖住，此时就到了黑夜，太阳就到了陆地的下面去了，这就是冥界的"冥"。冥界是人死了以后要去的地方。

"死不瞑目"一词中，则是给"冥"字左边加一个"目"，说明与眼睛有关，闭合眼皮盖住两目的意思。与其十分相似的字还有一个"暝"，加日字旁，是对天色进一步强调，日光已被盖着。

太阳消失了，就该月亮出现，直到"晦"才与太阳有关。晦时正是每一天的开始，月光消尽，阳光再现的时候。

太阳到了最下面，似到了树根正下，此为"杳"，读音为"yǎo"。太阳不见了，没有光明，大自然进入了梦乡，四周没有一点声音和信号可寻——"杳无音信"。

然后日光又开始往上走，走向未来，就有了这个"昧（mèi）"。虽然此时太阳看似在下面埋着，但它已有逐渐地要升出地面的趋势了。

清晨的太阳刚刚冒出地面，眨眼间就高了

起来,似储蓄了能量直升而起,于是叫"旭(xù)",有"旭日东升"一词,就是在那储蓄着。旭字一个拐弯托着日字,似托于手臂一抛而起。与"旭"字相关,还有两个字"旮旯 gā lá"表示角落。中国古人把这些字造得都非常形象,黎明前的太阳像是在旮旯里藏着,让你看不见。

太阳轮回一圈,就又到了"白",再出了地平线,就开始了崭新的第二天。

关于太阳下山后所造的很多"日字家族"的成员,多是有它们所属的新家族,所以,我们在这里就不多讲,只重点讲一个"昔"字。

昔日的"昔"念"xī",与表示星星的"夕"同音,它和时间、太阳有关。

"昔字家族"是个变化比较多的家族,"昔"字本身的字形,从现在来看,文字学家们的意见也不一致,特别是在后来的简化过程中。汉字的简化不仅仅是近代才有,古人有时也因书写和会意的需要,对汉字的形体稍加修改与合并。"昔"字一早被拿去两用,后来它很可能又被合二为一,成为一字。

昔变化图	甲骨	金文	小篆	隶书	楷书
	晜	答箐	昔	昔	昔

我们先看楷书"昔",上面是个共字头,下面是个日,因此可以断定,不是跟日光有关系,就是跟时间有关系。隶书和楷书基本上一样,上面似今天"共"字的省略,太阳在下面。那

么这个字形到底告诉我们一个什么信息呢？往前看小篆，小篆下面仍旧是个"日"，但关键在于上面部分，是什么呢？上面的部分说不清，因为文字学家意见不同，我们再往前寻，那就看金文。

关于这个字，金文有两种写法，一种写法认为上面的部分是水，太阳怎么就到了水下面呢？洪荒的年代，洪水涌上大地，太阳落下就好似落进了水里，这是一种解释。另一种写法中，人们不确定上面是什么，下面倒像是太阳下面挂了块肉，这跟肉有什么关系呢？古人不像现在有冰箱，古人打猎后多余的肉怎么存放？腊月的时候，天气很冷，古人把多余的肉挂在门外，用风吹干，用太阳晒干，做成肉干，这是制腊肉。所以金文的又一字形，实质上是指"腊"，在太阳下面挂着肉，晒肉干的意思，此为一解。

此时，查看肉的字形演变，"昔"的小篆上部，似与肉字隶书中的肉纹相似。

关于"昔"的甲骨文，这个字也有好多种形体，我们选择了其中一种。甲骨文中，有太阳在下面，曲线在上面；也有太阳在上面，曲线在下面的。我们现在已经无法恢复它古老的含义，就简单地理解为日落天水之下，夕阳映水的样子。

总的来看，"昔"字很可能发展到小篆时，在统一汉字确定字形时，以"一形"涵盖"两意"，于是小篆后，再跟着的一大组字，有时指腊肉，有时指往昔的时日。

81

昔字家族	甲骨	金文	小篆	隶书	楷书
	昔	昔	昔	昔	昔

惜　　　腊臘　　　借徣
鹊鵲　　蜡蠟　　　耤
措　　　猎獵　　　籍
错錯　　　　　　　藉
醋

　　以上这字些，都是用"昔"字做声音符号再造的字，当中都跟"昔"最初的两个意义有关。它们读音或相同，或相似。比如，"惜"跟"昔"的声音是相同的，古音"j、q、x"不分；喜鹊的"鹊"，古音也读"xī"，因是鸟类，音同麻雀的"雀"，后人模仿了鸟的叫声，受"雀"音的影响，所以赋予它"què"的声音；而"措"、"错"和"醋"，它们三个声音相近或相同，意义更是相连，等等。"措"的读音为切肉时刀与肉的摩擦声。用"昔"字再造的字，大体就是这个样子了。

　　关于文字，我们在讲"字理"时曾经说过，文字最初创造的时候可能有好几种造法，好几种思想，但最后它归在一块形成一个专属的形。我们从汉字造字的情况来看，"昔"可能正是腊肉与洪荒年代表示时间两者的结合。了解了这两层意思，再分析它再造的字，就更加简单易懂了。

1. 昔➡惜、鹊、措、错、醋

用"昔"字再造的字是很多的，我们介绍比较常用的一些，首先看"惜"。

怜惜的"惜"是"昔字家族"的一个，这个字的读音是"xī"。在洪荒的年代加上一个竖心（忄），是指人们心里的一种感受。人们对以往过去的时日——昔日，有一种离别般的惋惜和珍惜，是一种惜别的心情。

我们目看年华流失，面对每日夕阳落下之时，总有一丝凄凉，怜惜时光流逝。此时沿用了昔日的概念，是一种心情的表达。

喜鹊的鹊今天读音为"què"，但实际它古音念"xī"，跟左边"昔"的读音相同，后来变音改念"què"。我们所说的喜鹊指的就是一种鸟。这种鸟是什么时候才显露出来呢？到了冬天它就显露出来了。如果是春天、夏天、秋天，树叶繁盛，草木繁茂的时候，这个鸟还不常见。因为鸟都在树林子里，有枝叶遮盖着。冬天来临，树叶全都落光了，尤其是到了寒冬腊月时分，各种鸟都很难见到了，但这时候，我们却常常见到喜鹊。喜鹊这种鸟经常落在干枝上叫"恰恰恰、恰恰恰"，这就有"què"的声音，模仿它的叫声来命名。那人们为什么加个贺喜的"喜"，称之为"喜鹊"呢？首先人们认为这种鸟会报喜，所以叫喜鹊。报喜的"喜"指口唱欢快的意思，也有珍惜美好的内涵意义。

惜 小篆 说文心部
惜 隶书 杨统碑
惜 行书 王羲之

鹊 小篆 六书统
鹊 隶书 蛰道人
鹊 草书 董其昌

戏曲《天仙配》中，专门讲到牛郎织女七夕相见，就说了喜鹊搭桥，含有珍惜欢快的意义。古人认为这种灵鸟能报喜，故以"喜"字冠名，合起来就是指人见人爱的喜鹊。喜鹊作为一种灵鸟，据说它能够预报天气的晴雨，古书《禽经》中有这样的记载："仰鸣则阴，俯鸣则雨，人闻其声则喜。"

喜鹊图

另外，"鹊"也和腊肉相关，为什么呢？因为，晒干肉的时候是在腊月。腊月梅花香，喜鹊上枝头，这就是"喜上眉头"的原本。喜鹊在地方方言中又被叫做"干鹊——干喜鹊"，就是晒干肉的"干"。

喜鹊这种鸟也许本名为"鹊（xì）雀"，但因其有报喜之意，后加了"喜"字冠头，改名为"喜雀"。但"鹊"为此鸟的特性，古人造而不舍弃之，于是改其音为"què"保留下来，这就是今天"喜鹊"一名。

"措"与"错"，它俩读音相同为"cuò"，意义也相关。

"措"字左边一只手，右边是一块干肉，组合起来就是手拿着干肉。拿干肉是干什么呢？人们要晒干肉，腌制干肉的时候，要把这肉用刀子进行处理，划开肉时要么纵着，要么横着，要么划成斜道道，等等，这就要实施一些"措施"。今人吃铁板鱿鱼之时，大家应该看到过

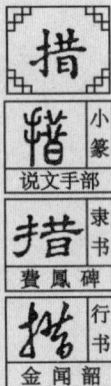

措

小篆
说文手部

隶书
费凤碑

行书
金阆韶

84

刀痕横纵切成的菱形，使肉好熟、易进味。因需用手完成这些动作，故配以手旁为"措"。我们最常用的就是"措施"一词，就是一个办法，一个动作。

"错"字是一个金字旁。本意是指的什么呢？指的是在金属上面镶嵌另外一种金属。比方说，我们使的刀。在刀上面镶金，要怎么镶？先要把刀烧红，烧红以后用錾子刻，就跟刺肉一样。在刀的表面切出一个缝，再把要镶嵌的东西镶在缝里，再烧、再打制，最后把它整平，这就镶在里头了。

这个"错"本身是指在金属表面交叉镶嵌另外一种金属。主要常见是在铁、钢上加金，比如古代有一种刀，就叫金错刀。金错刀就是在刀把或刀背上镶上金属类的星纹或花纹。

"错"本身是指在金属上交错其他金属纹路，就像晒干肉的时候在肉上划出的纹路一样，使表面有缝，并放入其他金属材质。后来就又引出了错误的意思，正因为它是交错的纹路，难免对不齐，所以有"不对"的意思，进而引伸为错误。交错、交叉就对不上了，就是错了。就如回答问题，自己的答案和标准的答案没有对上，就变成交错着，就是错了。

1965年在湖北省荆州市附近的望山楚墓群中，出土了一把古剑，剑上用鸟篆铭文刻有八个字"越王勾践，自作用剑"。此剑距今2100年左右，被考古学家证明为传说中的"越王勾践剑"，其

金文 曾伯霏簠
小篆 说文金部
隶书 憬功勋铭
行书 王羲之

越王勾践剑

表面正是采用了错金术。剑上交错的错纹依旧分明可见。列国争雄的晚期，霸主越王勾践，共有五把青铜宝剑，卧薪尝胆正是此人。史书评其剑："肉试则断牛马，金试则截盘匦。"

醋，实际也有错误的意思。左边是个酒坛子的"酉"，跟酒有关。醋本身就是浊酒，浊酒是一种没有经过过滤和加热杀菌处理的酒，有白色酒糟、酒曲等沉淀物。今天，清酒醪经压滤后所得的新酒，静止一周后使其沉淀再抽出上面清的部分，其留下白浊的部分为浊酒，其酒精度数跟清酒差不多，有些甜味，但制作需要较为严格地掌握温度，如果有所偏差就做不成，做不成的酒发苦，发苦以后再做就成了醋。所以"醋"在古代也叫苦酒，"酿的苦酒"，就是说酒没有酿好，成了"醋"了。

"醋"就是做错了的酒。后来有人为了纯粹从字形上分析"醋"字，就有了二十一日酉时为醋，二十一天以后酿出来就是醋。后世造醋时，人工发酵的时间大概就是二十天左右，这也能说过去。

醋本身就是酒，所以"酒"和"醋"都是用"酉"字来作偏旁，一个酒坛子来表意。从读音上来看，用"错"来表示读音，省略写作"昔"，这样解读，就比较顺利地理解这个字。

以上这几个字没有别的字体，是正宗的由"昔"字再造的字。

醋
小篆
说文酉部
隶书
蝥道人

2. 昔→腊、猎、蜡

今天的简化字又为"昔字家族"加入了一些原本不属于它的元素,如"腊"、"蜡"、"猎"与"臘"、"蠟"、"獵"。

"臘、蠟、獵",这些字的右边部分不是"昔"字,而是跟老鼠的"鼠"字极为相似的"鼠 (liè)"字。"鼠"是像鼠类一样的动物,头上的毛比较长,而且体型较老鼠大很多,常被古人射猎于原野草场之中。

"腊"字左边这个月就是肉,右边的"昔"就是我们所吃的腊肉,其小篆字形与"昔"的金文如出一辙。隶书时把底部的肉月放到了字体的左边。腊肉是什么时候来腌制呢?就是在腊月,所以这个月字首先是肉,其次又表示一个月份。此时为什么会有肉呢?正是打猎的月份,打猎获得的肉制成腊肉,用于储备过冬。

"臘"字也很早就有,因其书写的繁琐,今已归于"腊"字,仅作"腊"的繁体看待,但其原本指打猎所获之肉。

"猎"彻底是一个简化字,仿照"臘"简化"腊"而来,不论是繁体还是简体,它们的变化是一样的,但古时却没有"猎"字。

古人打猎是非常讲究时间的,春天不能打。因为春天草木都在生发,动物也在繁殖,小鸟、

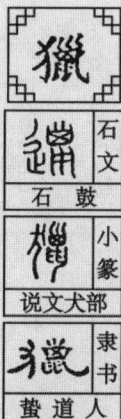

腊	臘
莃 小篆 说文日部	臘 小篆 说文肉部
腊 隶书 孔聃祠碑	臘 草书 王羲之

獵
獵 石文 石鼓
獵 小篆 说文犬部
獵 隶书 蛰道人

秋猎图

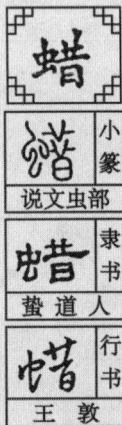

小兽刚生下来那是不能打的。到了秋天，特别是到了小雪以后才能打猎。古代书画作品中"秋猎图"很好地体现了这点。

小雪以后，一场小雪使野兽的毛皮都换了新层，这时候小野兽们都已长大，新换的毛皮质地也特别的好，可做裘衣过冬，同时打下的肉吃不完，可以做腊肉储备，所以古人打猎的时间是有规定的。

腊肉，在古代实际上就是用此时打猎所获之肉制作的。反犬旁（犭）为一个狗的形象，表示带着狗去打猎。

"猎"与"蜡"分别读音"liè"和"là"也是相近的，古音更是相同的。

"蜡"字是个虫字旁。我们知道在过年、过生日的时候要点蜡烛，蜡烛跟虫有什么关系呢？原来最开始的时候，在有化学生产的蜡烛之前，人们使用的蜡，主要来自名为"白蜡虫"的一种虫子，这种虫的分泌物才能做蜡用。这种虫吃了一种树叶，这种树就叫"白蜡树"，这种树做的杆子叫"白蜡杆"，白蜡杆常用作古代兵器的枪杆。在这种树上长有白蜡虫，古人发现此虫的分泌物能够点燃当做火具，于是收集提炼做成白蜡，因跟虫子有关，用了虫字旁。

可为什么"蜡"字读"là"的声音呢？因为"蜡"正是腊月里上供、祭祀时所用，所以"蜡"和腊月的"腊"声符相同。

"蠟"字也是古已有之，是用腊月时狩猎所获动物的油脂制成的油蜡（蠟）。而"蜡"源于古人八月中收集蜡虫所留下的蜡花、蜡枝，用沸汤煎于九、十月份所成的蜡。且此时正值秋猎，猎兽以肉制腊，以油制蠟，集虫以汤制蜡。近代简化汉字时繁字归简字，合二为一。

白蜡虫，俗称蜡虫，白蜡（也称虫白蜡）实即白蜡虫的分泌物，为中国特产。中国放养蜡虫，始于九世纪前，宋、元间已有正确详实的文献记载，至明时大盛，川滇、湖广、江浙均有养殖。

蜡虫为昆虫中的一种介壳虫，雌雄异形。雌虫发育成熟后，分散生活；雄虫群栖，有一对翅，但生命短促，在野外不易发现，分泌蜡主要靠白蜡虫幼虫，产蜡以二龄雄幼虫为主。

以上三个字的繁简情况在其他字中也常有出现。有的原本为二字合一，有的则是仿照二字合一之法进行简化，也就出现了很多异体字。

在今天来看，"臘"、"獵"、"蠟"都属于异体字，但它们自古以来确实存在并被使用过，仅仅是时代变迁，内涵和字形被取代了。

蜡虫

3. 昔→借、耤、籍、藉

人和人之间要借东西，自然跟人有关，那就加个单立人"亻"，右边的"昔"又指是什么呢？这里的"昔"如果不理解好，那么"借"字的含义就更难理解了。

首先，我们先假设"昔"是往昔、昔日的意思，借东西只要借了就是过去的时间，说得过去。如果说它是晒干肉，那么这就涉及到另外一个习俗了。人们在新年上供敬神的时候，有时候你没有肉，那怎么办？你可以借别人家的腊肉来祭祀，以后有了再还，古时借别人家的干肉来祭祀也是常有的事情。我们今天生活当中，也常有借东西的事情发生。这个"借"在"昔"的两个意思下都解说得通。

此外，"借"字还有一个异体字是双立人，写作"徣"。"彳"字表示行走，进一步说明了借走的意思。

由"借"再引出的一些字，虽都念"jí"，但与借音近。

"耤"右边也是"昔"字，但在这里是跟"借"字有关。左边一个"耒"字，我们在《文部》中的器物之杂器中介绍过它，"耒（lěi）"是古人翻地用的一个农具。"耤"就应该跟古代的农具有关，右边的"昔"是借字的省略，耒的使用为两个人用一把耒，为"耦耕"。一个人在左，一个人在右，两个人一块用，你借我的力量，我也借助你的力量，一同用力使耒翻地，"耤于千亩之甸"。右边的"昔"就是借力的表达，"借"字本身就有两人一块互相借用的意思，所以此处是借的省略。

"耤"字今天已经不常用了，而籍贯的"籍"字常用。

"籍"字加了竹字头，竹字头在这是什么意思呢？是指你耕地、翻地的时候，耕了哪块地要登记起来，登记在哪？就是刻在竹简上。登记是你来耕的，但地不是你的，你借了别人家的地。在古代，所有的耕地是归皇帝所有，"亲祭先农，耕于千亩之甸"，以祭神农。所以，天下的土地都是皇帝的，人们耕种的地自然也都借耕（耤）于皇帝，这才要交租子。

"籍"就是用来记录你所耕种土地情况的一根竹简，后来记录文字用的古老竹简也称古籍，古代的竹简就是今天的图书，故后世有书籍一词。人们就这么一辈一辈的都在借地，完善封建统治的社会形态。祖上借地耕种还租，到了下一辈还得借，于是不断地刻在竹板上，这一家人就贯穿在一起，与土地相连，这叫籍贯。

籍贯就是人们在这个地方生活耕种，登记着你的祖祖辈辈，用耕地把一家人贯穿在一起。

"藉"下面也是"耤"，上面是草（艹）。人们耕种土地时需要翻地，整好的地长出来的

籍

籍 小篆
说文竹部

藉 隶书
孔褒碑

籍 行书
赵孟頫

藉

藉 小篆
说文艹部

藉 隶书
張平子碑

藉 隶书
鄭固碑

庄稼才是整齐的，但收了庄稼后还要翻地，这工夫田地里乱七八糟的草根，夹杂着杂草，"一片狼藉"。所以"藉"指耕种的田地里被刨去的杂草，并且是很乱、很杂的样子。

此外，它也指人们席地而坐时下面铺垫的乱草。例如，狼窝里铺的乱草参差不齐，所以叫狼藉，就是蔓草杂乱的意思。

关于用太阳"日"再造的字非常多，常用的我们就介绍这些。我们选择了先从太阳的日光开始说，然后说到太阳刚出地平线，说到早上，说到中午，再说到正对着阳光时的暴晒，一直到落日。用日字再造的字，初步统计有400多个。如果，我们一次性全部分析和认识，过程太复杂，也没有主次，而且字族之间还有空间上的联系，如果不明白造字时前面的字，后面的字为什么那么造就很难理解了。所以，我们先挑常用字的几个字串，去做详细的分析，带领大家逐渐明白造字的过程和字意的连贯性。

我们本次作为初级版本，只在《现代汉语词典》上选了40多个跟"日"有关的汉字。这些字看上去也不少，但这么多的字我们就用这几个"字族串"抓住，跟着字义往下串联，就容易理解和认识它们了。这就是"群字分族"的概念和体现。

关于"日字家族"，我们就讲到这里。接下来，我们要开始讲"月字家族"了。

第二节　月字大家族

　　"月字家族"在日字之后，讲了日就得讲月，因为白天是太阳，晚上就是月亮。

月字家族	甲骨	金文	小篆	隶书	楷书
	D	D	月	月	月

　　我们在《文部》中已经讲了，"月"字就是一个月亮呈现半月的形象。我们认识的一些汉字当中用"月"字再造的字，有时往往跟月亮没有关系，而是跟肉体有关。

　　因为"肉"字的小篆体和"月"字的小篆体十分相似，最后在书写上把它们混到一块儿了。将来我们在讲"肉"字的时候，还要重点讲肉字旁的字，惯称为肉月旁。至于肉月旁的"月"，那要放到"肉"字里去介绍。

肉

小篆

说文肉部

隶书

史晨後碑

　　这里，我们重点讲用"月"字再造的，它们是跟月的声音和意义有关的字。同样我们也没有在这里全讲，比方说希望的"望"，右上角就是个月亮，它跟着读音在"王字家族"出现，表示抬头看月亮。还比方说最常用的跟月有关系的日期的"期"字与"朔"字。这些字，我们在其各自的归属家族里面再讲。

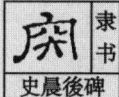

"月字家族"，自然由"月"字带领，大体分四组，"月"本身，以及由它的字形所组成的"朋"字和表示光线的"明"与光线变化的"易"。

由"月"字所造的字有些由简化而来的，比如钥匙的"钥"；有些是因为与"月"形类似演化而来的，比如刖刑的"刖"。

讲完"月"字本身，随后我们再来分析朋友的"朋"、明天的"明"、容易的"易"等字族。

月亮是离居住在地球上的人类最近的一个星球。从地球上看，变化规律是30天左右圆缺一次，人们在晚上可观赏。月亮在世界各民族中都有丰富的文化，学习月字，应该与这些文化结合，但这样篇幅太大，所以只能作些割舍。

一、月字家族

月→钥、刖

钥匙的"钥"是用"月"字做声音符号造的字。它的文读也就是书面读音为"yuè"，我们口语发音时，读成"yào"，就是钥匙一词，北方方言中还保留"yuè"音。"钥"为今天的简化字，它还有个繁体字为"鑰"。

繁体的"鑰"为什么这么写，它的声音怎么来，它的意义是什么？我们在这里不介绍，因为它要涉及到"龠（yuè）"字，延伸的内容比较多，需要了解的文化内容也比较多，以后讲"仑"字时再说。我们重点介绍"钥"字简化的形象。

钥匙的"钥"本身不是钥匙，而是锁。锁是金属做的，所以左边是金字旁"钅"。关于钥、匙、锁在古代的区别，我们在说"匙"字时有过介绍。古代的锁子形象就像个半月形，上面有一个插销，可开可合。所以用月亮的"月"表形，既有半月形也赋予了声音，暗含一个像月牙形的东西，今天定义的锁在古代就是这个样子。而锁本是带链子的钥，它的缩小版就是古时儿童常带的长命锁。

古代的
"鑰"与"匙"

甲骨文
粹·1223

小篆
说文刀部

隶书
韩勅碑

髌骨

半月板

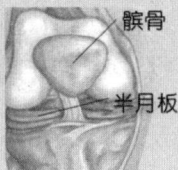

　　"刖"这个字也念"yuè"，右边一个立刀"刂"，它是古代的一种刑法。这个刑法是干什么呢？就是把人身上叫"月"的地方砍掉，人体哪个部位与月亮有关呢？在我们人身体里面，有一个部位叫"半月板"，民间俗指膝盖骨（髌骨），但在医学上二者不同。在膝盖骨处有一块圆骨头，即髌骨，我们观察膝盖，能看到那里扣着一个似圆月形的一块骨头，用于腿部膝盖的活动。

　　"刖"这种刑法就是把髌骨（半月板）挖掉，挖掉这块骨头后，人就不能直立行走了。因为两个关节之间没有了护栏，它本护着关节并起到辅助支撑作用防止打弯，结果把这个骨头去了，腿部一下子就往前弯了，无法站立和行走，这个人就残废了。你低头看看膝盖的活动变化就能理解了。因为它是一种使用刀具的刑罚，而且专门指去掉半月板，于是造了"刖"字。

　　刖刑在夏朝称膑，周朝称刖，秦朝称斩趾，都指的是削去膝盖骨（膑骨）使犯人不能站立。历史上有两位受到刖刑的名人，一是战国时期著名军事家孙膑，正是受此刑而将名字"孙宾"改为"孙膑"；后来，刖刑逐渐演变成砍去双脚，这就是春秋时和氏璧的发现者卞和，他因献璞玉而无人识，便以欺君之罪罚以刖刑。

　　不断地了解文字，我们会发现汉字的读音当中都存有意义，都有根据，不是说仅仅是个声音符号而已。用"月"字做声音符——音意法造字，在古汉字和今天现代汉语简化字当中，常用的我们就介绍这两个。别的字还有，但并不常用，例如王字旁的"玥"，专门指月牙形的玉，皎如明月，等等。

二、朋字家族

"月"字衍生的又一个字是"朋"，但此处仅仅以简化后的字形归类，把"朋"字放到"月字家族"里来介绍。

"朋"在今天看，像两个月字并列的样子，但是我们从古文字发展变化来看，它其实跟月亮并没有关系。

朋变化图	甲骨	金文	小篆	隶书	楷书
	拜	𨑠	𦨶	朤	朋

看甲骨文，它像两串玉。有人说不是两串玉，是两串贝壳。这贝壳被串在一起，一串叫串，两串叫朋，是相等的两串。从金文来看，似一个人拿着两串像贝壳一样的东西，当然也可能是两串玉石。甲骨文、金文的意义都差不多，到了小篆则不一样。小篆字体既不是玉石或者贝壳，也跟月亮没有关系，像是鸟的一个翅膀。什么鸟呢？大鹏鸟，指鹏程万里的"鹏"，大鹏展翅的"鹏"。小篆中画了一个大鹏鸟的翅膀，像一只大鸟在飞翔时张开的羽翼。所以文字学家认为"朋"就是大鹏鸟的"鹏"，是后来归类时加的"鸟"字。关于它的读音，正是两串贝壳相互碰撞发出的砰砰声，同时鸟的翅膀豁然展开起飞时，也会发出砰的一声。

到了隶书，显然是把前面几种字体综合后写成，又像鸟的翅膀，又像两个月字，这是隶

串

甲骨文
藏龟 26

金文
晋姜鼎

小篆
篆典1部

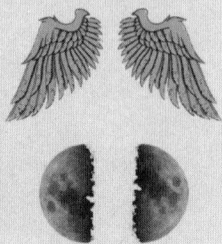

月 + 月 = 朋

书的变化。到了楷书，因为这些字形当中，"月"的形体常见常用且好书写，还因圆月是一个整体，一个月份当中一半是上弦月，一半是下弦月，两个是相等的，这也是"朋"所含的对等意义。

"朋"暗含着两个相等事物的一体性，隶书时人们用月亮自然形态的变化来表达，后来楷化成两个月字。这是文字从原始字形到文化内涵的一种延伸，也是古人的一种智慧。

一个整体可以分成相等的两部分，朋友是相互平等和谐的两个人。说到这儿，我们再多说一下"朋友"二字。"朋"和"友"，跟我们前面讲过的很多词一样，朋是朋，友是友。"朋"是某方面能力相同的人，才可能是朋，古代同门为朋。如果两人本领不同但志向相同则为"友"。所以，朋和友是不一样的两个概念。那么用"朋"再造的字，都有两个能力或作用对等而相连在一起、成为一体的含义。

朋字家族	甲骨	金文	小篆	隶书	楷书
	拜	𩾇	棚	𦍋	朋

棚　　　　崩
鹏鹏　　　蹦
硼　　　　镚镚
　　　　　绷繃

用"朋"字再造的这些字，都跟"朋"的声音和意义有关。由它再造的"崩"字后来做声音符号和表意符号，又再造了一些字，也跟"朋"有着必然的联系，这就是"朋字家族"。

1. 朋➙棚、鹏、硼

"棚"就是搭的木棚子，比如在瓜地里搭起的窝棚，木头架子搭上两块板，像鸟的两个翅膀，还必须碰在一块，两边合在一起，这就是窝棚。例如，瓜棚、菜棚、木棚子等。两半大小相同的遮掩合为一体，一半的成不了棚，像鸟的两个翅膀才叫棚。

两个对称的物件合为一体，用月亮的上下弦月最能表现，于是把两个半月合到一起表示整体。字形由最初两串对称的玉串或贝串，最后演变成今天两个弦月的"朋"字。

"朋"字加上木字旁就是木棚，加鸟字是鹏鸟。

"鹏"就是鹏鸟，它可以看做是"棚"的省略。这个鸟可不是一般的鸟，自古就有"大鹏展翅"的传说。古代有一种被喻为神鸟的"鹏"，这种鸟大到什么程度呢？这种鸟有"垂天之翼"，飞起来后它的翅膀能把天都遮住，像给整个大地搭上一个棚子一样，所以叫大鹏鸟，其两个翅膀非常大，展开之时带着风声，砰然作响。中国古代传说和神话中经常会提到这种鸟。

在中国古代文献中记载最早的鹏是《庄子》一书。《庄子·逍遥游》中说："北冥有鱼，其名为鲲。鲲之大，不知其几千里也。化而为

木棚

棚

褊 小篆
说文木部

棚 隶书
石门颂

棚 草书
苏轼

鹏

鵬 小篆
说文鸟部

鹏 行书
王羲之

鵬 行书
王羲之

大鹏展翅

鸟，其名为鹏。鹏之背，不知其几千里也。怒而飞，其翼若垂天之云，水击三千里，扶摇而上者九万里。绝云气，负青天，然后图南。"庄周用汪洋恣肆、气势磅礴的笔调，描绘了一只这样的巨鸟——鲲鹏。

"硼"本指一种石头，即硼沙：又作硼砂。其晶体集合在一起，如同朋友相聚，所以用"朋"做读音。有红、黄、蓝、绿多种颜色，有玻璃光泽，同时具有消毒、防腐、软化水质等作用，过去也作消毒药用。

在今天，"硼"被作为化学元素专用字。关于化学专用字，我们将会在化学专项中来统一介绍，这些字虽多为西文音译，但也不全无道理。

100

2. 朋➡崩、蹦、锛、绷

"崩"上头是个山，下面是个朋，念"bēng"。本意指的就是山崩，有成语"山崩地裂"。山崩的时候，山体坍塌发出"嘭"一声巨响，就有这个声音"beng"。所以此处是用"朋"字表示声音，用山表示意思，意指山体崩塌，又好似大鹏飞出山林时冲毁了山体，使山体裂开坍塌。

随后"崩"字也领出了一些字。

"蹦"加足旁（⻊），就是指与人的腿脚有关。止为脚掌，足则包含有小腿至膝盖。人本是两腿一走一迈的行走，如将两腿合并跳跃前进，就是"蹦蹦跳跳"。蹦跳之时会震动地面，落地发出"嘭嘭"声，似山体崩塌时大地的震动声。故用"足"表类，用"崩"表音和震动的意思。

"锛"加金字旁（钅），就是我们说的硬币——"钢锛儿"。我们平时使用硬币，因为它是金属的，故为金字旁，掏出来掷到桌面上，或掉到地上，它就"噔噔噔"的乱蹦，这就使"蹦"省略了足字旁改为金字旁，方言俗语为"锛子儿"，读音也是"bèng"，今泛指小的硬币。

"绷"是省了山字顶，其繁体字写为"繃"，并有一个异体字为"緪"，它很早就进行了省略，并不是后来才简化的。在书写上人们很早

繀
繃
小篆
说文系部

縔
隶书
螅道人

繃
草书
韵会

绷带

就把山字省略了，它是什么意思呢？主要指我们的衣服上的线被撑开了，比如衣服袖子上两块布连接的地方，线被撑开了，发出嘣的声音，这叫线绷了。

"绷"的本意就是连接线绷开的意思，当然绷开之前必然很紧，拉得紧了，最后断了才能绷开，所以既有绷开的意思，也有绷紧的意思。例如，我们平常说某人绷着个脸儿，就指脸上没有笑容，很严厉的样子，如山欲崩之势。

今天"绷"字也指绷带，一种医用的白纱布带，使用时要紧紧缠绕在伤口处，故使纱布带绷得很紧，起到止血和闭合伤口的作用。

三、明字家族

我们讲日的时候讲天明，此时太阳刚刚出来，月亮还没落下去，正是天"明"的时候。现在有"日"有"月"了，可以看看"明字家族"了。

明变化图	甲骨	金文	小篆	隶书	楷书
	𐤌	𐤌	𐤌	明	明

从甲骨文来看，一边是太阳出来了，一边还有月亮，正所谓"日月同辉"，这就是天明的时候。金文的右边还是个月亮，左边有所变化像是个眼仁。有人认为不像个眼睛，像个窗户——"囧"字。

"囧"原本就指土墙上挖的窟窿以作窗户。不管是眼睛还是窗户，都有明亮的意思。小篆保持了右边的月，左边明显为窗户的形象。到了隶书，又跟甲骨文一样，左边是日，右边是月。楷书时日、月非常清楚了，至此定型为"明"。

我们看"明"字的发展过程，会发现左边的日旁是不断变化的，而右边的月却永远没有变化，其实"明"字一直保留着两套字体。一为日月同辉，一为透过小孔的光亮。晚上天黑了有月亮才有了月光，黑暗中才能衬出"明"来，

囧	
𐤌	甲骨文 後上·11
𐤌	金文 伯囧敦
𐤌	小篆 说文囧部
𐤌	隶书 夏承碑

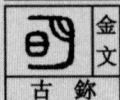

这也就是为什么我们把"明"字放在"月字家族"的道理。"明"字的左边无论用日表示也好，用窗户表示也好，还是用眼睛表示，都体现了明亮与黑暗的对比，而黑暗往往又离不开月亮。

明字家族	甲骨	金文	小篆	隶书	楷书
	𪚥	𪚥	𪚥	明	明

明　萌　盟

"明"字随后再造的字，最常见的有两个字："萌"与"盟"。这两个字都跟"明"字的声音有关。它们原本都跟"明"的声音相同，后来为了便于区别，就在语音上做了变化。因"ming"字有介音，于是"萌""盟"二字后来改成读"meng"音，以便做语音上的区别，字意自然也有所不同。

介音也叫韵头，是韵母的组成部分，如"装"读"zhuāng"，韵母是"uang"，其中"u"是韵头，"a"是韵腹，"ng"是韵尾。每个韵母一定有韵腹，但不一定有韵头和韵尾。介音一共有三个：i、u、ü，因其介于声母与韵腹之间而得名。

明

甲骨文
前4·10

金文
古鉨

小篆
说文日部

明➜萌、盟

"萌"加了草字头（艹），指的是草木的萌芽。

"盟"加了"皿"字底，实际是血液的"血"的省略，与器皿的"皿"也有关系。我们有时候就把它叫"血墩底"，跟歃血结盟有关。"皿"是古人用来盛血以便祭祀的器物，一滴滴（、）的血流到皿中，就有了"血"字。

这两个字都有各自的意义符号，能区别出所指的事物，但都用"明"字来表示读音，也都有明白、明亮，与日光、月光有关系的含义。

我们先来说说"萌"字。草木的种子要发芽，在没有萌芽之前，种子是在黑暗中的，一是因为在土里埋着，本就是黑暗的，二是一颗颗种子外面都有一个硬壳把芽给包着，种子的生命也是在黑暗中等待唤醒的。种子一旦生长条件满足，它的嫩芽就会突破外壳、冲出土壤，从里面的黑暗中崭露出来见到光明，这就是萌芽的"萌"字。所以，古人造字的时候，用这个"明"字来作读音，这不仅仅是个读音，它更暗含着深厚的含义——生命的启动。

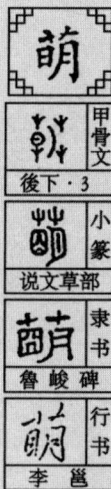

某版小学语文课本中，有一篇课文《一粒种子》，把"萌"字的意义体现得非常生动：

一粒种子睡在泥土里。他醒过来，觉得很暖和，就把身子挺一挺。他有点儿渴，喝了一口水，觉得很舒服，又把身子挺一挺。

春风轻轻地吹着，种子问蚯蚓："外边是什么声音？"

萌

甲骨文
後下·3

小篆
说文草部

隶书
鲁峻碑

行书
李邕

蚯蚓说："那是春风。春风在叫我们到外边去。"

种子说："外边什么样儿？也这么黑吗？"

"不，外边亮得很。"蚯蚓一边说，一边往外钻，"我来帮你松一松土，你好钻出去。"

种子听了很高兴，又把身子挺一挺。

春风在唱歌，泉水在唱歌，小鸟在唱歌，小孩子也在唱歌。种子听见外边很热闹，连忙说："啊，我要赶快出去！"

种子又把身子挺一挺，眼前忽然一亮，啊，好一个光明的世界！

结盟的"盟"，则有着深厚的文化底蕴。古人在达成协议时，口中所说和心里所想是否一致，彼此并不知道，但会举行一个仪式，这个仪式是干什么呢？是为了向神灵保证言行一致。其过程要杀鸡，然后滴鸡血到酒里，举行一个仪式，对着神灵，对着日月说明你内心的想法，以保证你的誓言永恒不变，然后一饮而尽，这个过程叫盟誓。

中国文化中，关于"盟"字最典型的事件，为《三国演义》中"刘关张桃园结义"一幕，其千古佳话源远流长。人们共饮鸡血酒，寓意血脉相通，不求同年同月同日生，但求同年同月同日死，最能说明这个"盟"字。结伴而行、生死与共，喝了鸡血酒以同血脉，在神灵面前表明决心，日月之下表明约定，天地可鉴。这就是结盟、盟誓的盟。"盟"原本是有两个读音，结盟（méng）与盟（míng）誓。后来，整理读音时，把它统一为"méng"音。

盟

甲骨文
後下·30

金文
古鉨

石文
詛楚文

小篆
说文皿部

隶书
魏范式碑

刘关张桃园结义

106

四、易字家族

"月字大家族"里，接下来我们讲"易"字，以及其所造的"易字家族"，它和"明"字也有一些关联。

易变化图	甲骨	金文	小篆	隶书	楷书
	𝄇	𝄇	易	易	易

"易"读音"yì"。"易"是什么呢？文字学家有不同的意见，从古文字来看有这么几种形态。先看甲骨文，它画的到底是什么？有这样一种观点认为是锡块。锡是一种金属，熔点很低，易变化。"易"字加上个金字旁（钅）就是金银铜铁锡的"锡"，专门指一种金属。这是文字学家一种说法，有一定的道理。

还有人从金文解释，认为"易"的甲骨文与金文表达的是不一样的事物。金文中把字体上的三个点变成了三撇，还加了个眼睛，这是指的蜥蜴——变色龙。这种动物为什么叫蜥蜴，因为它可以分析危险并作出判断，或断掉尾巴逃逸，或改变颜色，以迷惑敌人保护自己。"析"字指用斤斧砍伐木头，本身就有分开的意思。"易"就指明它会变形、变色等。于是这种能辨析危险，改变形态的动物就是"蜥蜴"，因为是爬行类，所以用虫字表类，就造了"蜥蜴"一词。

日月交替

　　此后，有人又从小篆的形体来分析，上头是太阳"日"，下面是什么呢？多认为下面是月亮的"月"，太阳和月亮是变化的，每天太阳出来了，月亮下去；月亮出来了，太阳下去，日复一日的，每天在变化，就理解为日月交替为"易"，这是今天广为接受的说法。数数小篆中日字下面部分的笔画正好是四笔，字形与"月"字形相似，笔画数相同。甲骨文、金文最早是象形刻画，而小篆时汉字的文化内容更为丰富，不排除有这种内涵的可能。

　　"易"字也被认为就是"容易"，下面部分不是月，而是万物的"勿"，万物生长靠太阳，太阳出来了，阳光下的生物自然就容易生长了。

　　各种解释众多，都有各自的发生背景，而我们在此处把"易"字的多种说法归纳到一块儿，并以此来联系它所造的一些字，承前启后地认识它，把它当做一个家族之长来看，以适用不同成员的变化，将更便于认识"易"字和学习它再造的字。

　　"月字家族"的"易"字和我们一开始讲的"日字家族"里的"易"字，需要注意一下它俩字形上的区别。两者在字形上非常相似，区别在于字体中间有没有那一横。"易"字中间有一横，我们认字和书写时一定要注意。在现在汉字的繁简当中，我们有些地方就把两者混淆了，在认识汉字的时候，由于不认识"易"字而错误理解了一些字。比如杨树的"杨"繁体为"楊"，但常被很多人介绍为"木易楊"，这种说法对汉字本身是一种错解，是一种偏差性的误解。尤其是草书字体中二者极为相似。比如"踢"和"汤（湯）"的右边，在草书中基本一致。

易字家族	甲骨	金文	小篆	隶书	楷书
	易	易	易	易	易

蝎　　　惕
锡鍚　　踢
赐賜　　剔

关于"易"所造的字，我们也简单介绍两组，一组是蜥蜴的"蝎"、金属的"锡"、恩赐的"赐"，另一组是警惕的"惕"、踢开的"踢"、剔除的"剔"，在"易字家族"中常用字我们举了六个，其他的此处不一一介绍。

1. 易→蝎、锡、赐

"易"可能原本画的就是个蜥蜴（上文我们已经做了详细说明），后加个虫字进一步指明是一种爬虫，写为"蝎"。

"易"也可能是一块金属锡（上文我们也已做了说明），所以加个金字旁（钅）以区分类别，写为"锡"，繁体为"錫"，"金"做偏旁后简化汉字时简化为"钅"，这就是金银铜铁锡的"锡"。特点是表明熔点低，易变化。

"蝎"和"锡"两个字都用"易"作音符，虽读音与"易 yi"不同，但音近。

"赐"不念"yi"，也不念"xi"，而念"cì"，表示是上天给予的恩惠。什么恩惠？那就是日光，它给予了万物生命，给予了人类财富，所以用"贝"表类。贝壳在古代代表钱币财物，所以加"贝"，写成"赐"。往往赏赐是没有回馈的，上天赐给人们的东西，是没有返回的单向给予，如果有来回，那就是交换，或是买卖。用"赏赐"一词，前提是受赏的人一定是有了功绩。人们向上天祈福进行了祭祀，于是上天赐给人间财富，把祈福变成了财富，这也是一种转化，同时跟神灵有关，跟"日"、"月"有关，用"易"做了意义符号和声音符号，音韵相同。

110

其实，关于"易"字，其文化内涵十分丰厚。

中国有本最为经典的著作《易经》，也叫《周易》。如今这本书也在当今国学热中成为大家热捧的焦点。《易经》这本中国的传统经书，有着久远的历史，现在依然被广泛使用。那么，它为什么起名为《易》（后来才加"经"字，合称《易经》）。我们用日月变化来讲，很容易讲清楚，如果用蜥蜴，用锡块来讲这个经，似乎就不是很好找到切入点。

《周易》

其实，《易经》就是一本关于变化的书。所以讲《易经》的时候，要先讲这个"易"字，一般说来为"三易"。第一个，就是变化、变易，太阳和月亮不断地交替变化，白天到晚上、晚上到白天，就是阴阳交替，此为"变易"；第二个，就是简易，白天过完了肯定该到晚上了，晚上过完了还要变成白天，就这么简单，并不复杂，它在变易的基础上是简单的，此为"简易"；第三个，就是不易，你不能把事物倒着来，白天了只能变到晚上去，不能白天再变成白天，大自然的规律是不变的规律，阴阳是互相的，这个规律是不可变的，此为"不易"。

所以，《易经》、《周易》要讲"易"，此时用日和月来讲这个字，应该更贴切。

2. 易→惕、踢、剔

"易"字本身再造字，还有一些读音有所变化，念"tì"。

警惕的"惕"是加竖心旁（忄）组成的。警惕是一种心理作用，一种心理状态，所以用心表意。警惕时，人们一会儿想想这个，一会儿想想那个，担心危险有还是没有，心情是在变化的。心理不是总琢磨着一个想法，总琢磨一个想法不是警惕，那就是专注了。所以"惕"有心思不断"变易"的意思，心中因有顾忌一会儿想这儿，一会想那儿，表达变来变去的一种心理。

"踢"加足字旁，跟脚有关系，是用脚踢，左脚踢了右脚踢，两个脚变换、交替，所以用"易"做读音。

"剔"加一个刀子"刂"，就是指剔骨头。用刀子剔骨头，把肉剔下来，所以跟刀子有关。本来骨肉相连，结果用刀子一会割肉，一会剔骨，交替进行，最后剩下肉是肉，骨是骨，与之前有所改变。

这三个字都念"tì"，是用"易"字再造的一些字，它们都暗含有"变化"这一概念。

惕
小篆
说文心部

惕
隶书
修華嶽碑

惕
行书
蔡襄

踢
草书
韵会

剔
小篆
说文刀部

剔
隶书
劉表碑

剔
草书
王铎

第三节　夕字大家族

"三光者，日月星"。日、月的家族我们都讲完了，现在开始讲"星"。这个星指的是闪闪发亮的金星——夕。"夕"字在《文部》中已做过详细解说，其造字情况也相对比较简单，就是"夕字家族"。

星（金星）

夕变化图	甲骨	金文	小篆	隶书	楷书
	D	D	P	夕	夕

"夕"字读音为"xī"，我们在《文部》中已经说过，字形也像一个月亮，但表示月亮的"月"字已经有了，古人还画一个类似月亮的图形干什么呢？所以，有人认为是残月，它仅仅比"月"少了一笔，金文仍旧跟月亮很像，最早古人用来表示残月，也是有可能的。

在古文字当中，"夕"最早并没有分化出来一个独立的字形，它和月亮的"月"字古体一致。到了小篆"月"字和"夕"字的区分就比较明显了。"月"字里面还是两笔，"夕"字就明确为一笔。隶书是根据小篆而来，楷书根据隶书而定，就有了今天的这个"夕"字。那它到底是什么？很多文字学家给出的答案是不一样的。

113

那么，它到底是指的什么？如果讲残月，其实际意义不大，而且根据"夕"字大量的造字情况来看，认为其表示一颗星星则更为客观。

天上的星星有很多种，它其实就是星星的代表——启明星，最明亮的那颗星星。古人用"造一以代众"的想法造了"夕"字。"双法字理"识字法并不是纯粹的搞汉字研究，同时也包括汉字的应用。在这里，我们把夕字当做一个星星来看，同时也把用其形所造的，但不组成字族的独字，归类到"夕字家族"。

夕字家族	甲骨	金文	小篆	隶书	楷书
	𝅃	D	ρ	㇆	夕

外	多	名	歹	列
夙	哆	铭銘	死	裂
岁歲	爹	茗	餐	烈
梦夢	移	酪		例

以上这些是用"夕"字再造的字，它们是一个大家族。我们重点讲这么几组，除了这些，"夕"还造了一些其他的字，因为不大常用，所以在以后的认识中，如有遇到再单独介绍。

一、夕字家族

夕→外、夙、岁、梦

"外"字左边是个"夕","夕"指的就是星星，右边是占卜的"卜"，早期原始社会的占卜基本都是看星象、看月亮，即占星术。文字学上一般认为，占卜事件多数是占第二天或者近几天的事情，很少卜一个月以后的种种情况，所以卜比较远的时间的事情为"外"，这是一种解释。另一种解释趋于左边占卜的时间——天黑时，指天黑时人们外出劳作还没有回来，于是家人为其占卜吉凶。那么古人造这个字的意义究竟是什么？我们今天已经没有办法考证了，上面这两种解释都是可以说得通的。

"外"一边为星星或者夕阳西下，一边解释成占卜，然后合起来表示意料之外的意思，进而有远处、外部等义。当然，原始古人观星以占卜，自然也是在房子外面的夜空下进行的。

"夙"字念"sù"，我们常用夙愿、夙兴夜寐等词。关于这个字，我们很容易地把字形外面的轮廓看成"几"字形的大框，而把里面看成一个"歹"字，这种分解是不当的。首先外框应为凡是的"凡"，里面是个"夕"字，"夕"和"夙"声母相近（在古汉语的沿袭下，

外
卜
甲骨文
珠·1163

外
金文
子禾子斧

外
金文
毛公鼎

外
小篆
说文夕部

外
隶书
衡方碑

夙

甲骨文
後下·2

金文
毛公鼎

小篆
说文夕部

隶书
史晨奏铭

草书
王羲之

歲

甲骨文
甲·5141

金文
毛公鼎

小篆
说文止部

隶书
曹全碑

草书
王羲之

我国由南到北许多地区将一部分 j、q、x 发出
接近于 z、c、s 的音）。

　　"夕"本身指的是星星的代表，"凡"指
向为风，也指天空。"夙"的意思是一早，指
晚上"明月高悬"后到第二天早上的意思。它
的古文字，我们可以看得非常清楚，是一个人
正跪在那捧着双手，同时是天上有星星的时候，
跪在那好像在乞求什么似的，长久如此极为殷
勤。所以"夙"实际下面是个夕，而不是歹，
上面的"凡"字表示天风。其实此处的"凡"
字应为"廾（jí）"的变体，"廾"表示双手
持物酷似合掌祈祷，也有人认为是一早起来双
手劳作。

　　古人"闻鸡起舞"之时为"寅"时，凌晨
三点至五点，此时为"平旦"，即黎明。天刚
蒙蒙变亮，人们披星戴月做早课，或下地劳作
之前要做"早敬"，此为"夙"，因一早有所
祈愿故为夙愿。

　　"岁"是个简化字，其繁体写为"歲"，
念"suì"，显然上面是个"止"字，简化时上
面的"山"就是由"止"变体而来，是书写的
变形。止是脚步的意思，下面一个"戌（xù）"
字，再一个表示脚步的"止"，今改为表示星
星的"夕"。
　　一个行走的"止"和一些星星指的就是"岁
星"——木星，我国古代把木星叫做岁星，并

取其绕行天球一周十二年，配以地支。西方神话中它被誉为罗马的众神之王"Jove"，相当于希腊神话中的宙斯"Zeus"。木星每十二年又回到原来的位置，古人观察岁星变动的位置，它每变动一个位置就叫做"一岁"，然后满十二岁了回到原来的位置，十二年构成一个轮回，中国古人在历法上曾采用过"岁星纪年"。木星运转一周似这颗星长期征伐，一月占领一个星宿。所以"岁（歲）"字在简化时，更加明确了下面部分是和星星有关的。

今天"岁"字中的"山"字是"止"字的变形，在隶书中就能体现，在书法上这种现象是常见的，并在汉字简化时借鉴了很多。汉字今天已经有了繁简的变化，对简化字的解释，我们也可以简单地推敲一下，再给孩子们介绍。简化的"岁"字，可以把它当做太阳落山的时候，天上的星星闪现，天黑了一天过去了，进而引申为一年过去了，以此来表示年岁。因为它简化以后笔画少了，便于书写，用纯字形来解说，仅仅是附加一个解说而已，但失去了更多的文化内涵。

"梦"字念"mèng"。我们来先看它的繁体字"夢"，原本是有个眼睛，上面是草，指一个东西把眼睛遮挡住，眼睛看不清，这就有蒙昧、盖着的意思；下面是个星星的"夕"，表达了在晚上，眼睛又看不清，一种模模糊糊

夢 小篆 说文夕部

夢 小篆 说文寢部

夢 隶书 鳌道人

夢 草文 王羲之

117

的感觉,这种情况就是做梦,这是繁体字的"夢"。

简化后写成"梦",上面部分楷化成一个"林"字,树林大家都见过,树林当中树叶、树枝茂密挡着光线就比较暗,再加上一个夕阳落山的时候,星星依稀可见于林中,这样显然就是一个看不清晰的样子,给人一种朦胧的感觉,想睡觉。在这种情况下就好比一个人在做梦,对周围的事看不清、记不清,如临幻境。所以,这些元素合到一块表示一人卧床时的幻境——梦境。

关于梦的解说,最出名的要数《周公解梦》,这是一本于民间流传的根据人们的梦来卜吉凶的解梦书籍,共对七类梦境进行解述。

书中的周公就是周公旦,孔子的梦——"吾不复梦见周公矣"在儒家经典常会出现。周公是一个在孔子梦中频频出现的人物,文王奠基,武王定鼎,周公主政,在儒教长期主导文化的中国,周公也就不可避免地逐渐与梦联系起来。梦,经常被称为"周公之梦",或"梦见周公"。

"梦"的小篆字形当中,就有一个在房中卧榻之下的形象。与之相似的还有寝室的"寝",梦寐的"寐",都与睡觉的床板有关。

二、多字家族

　　"多"字，大家都很熟悉了，经常使用它，念"duō"。关于"多"字的解说有很多种，一种说法认为它是一个牛蹄印。大家看看牛的蹄子，会发现牛蹄子是分瓣的，马、骡子则是一个整蹄子，而牛蹄有两个瓣，四个蹄子分成八瓣，这表示多，指很多的牛蹄子印。

　　古文字中的"多"就像牛蹄留在地面上的蹄子印，但同时也有人认为不是。这个世界上什么多呢？星星数量最多，每天晚上看见天上星星多得不计其数，所以"多"也许是一颗一颗的星星（夕）。那么这个"多"字究竟是什么呢？因为其古文字字形有好几种形体，都可解释得过去，但我们采用星星很多来解说它，比较直接、简单，也更为直观。

　　用"多"字再造的字大部分也读"duo"或声音接近，有的也是用了"多"的含义。

多	
𣇵	甲骨文 乙·9082
𤑃	金文 虢叔鐘
多	小篆 说文夕部
多	隶书 孔宙碑

多→哆、爹、移

哆嗦的"哆"，读音为"duō"。这是人寒冷时为了取暖身体做出的反应——打哆嗦。哆嗦的"哆"用了"口"字旁，表示与口，与声音有关。"咯嘚……"这是从人的口里发出的牙齿敲打声，而且不是一下，是很多声连续不断，如长长的绳索般连绵，所以这叫哆嗦。

同时，哆是哆，嗦是嗦，二者不同。"哆"指人冷时嘴里发出的很多声。"嗦"跟绳索的"索"有关系，人打哆嗦的样子就像绳索来回不断地摆动、颤抖的样子，也有长久的意思。所以两者合在一起就是打哆嗦。

阿爹的"爹"，它跟"多"又有什么关系呢？

首先上头是"父"，当然是指父辈。"爹"字我们今天念"diē"，有的地方则念成"dà"，例如山西、陕西、陕北一带人们还念此音。这个字我们一般认为是子女对爸爸的俗称。因为关于爸爸的称呼，有很多地方就是称为"大大"或"爹爹"。但这个"爹"的本意不一定指的是亲生的父亲，而主要是指父辈。在现在北方有很多地方把父辈按次序称为大爸（伯）、二爸或是大爹、二爹，在山西就还有这样的称呼，它是按照爸爸所在的父辈顺序来排的。因为家族很大，这个父辈的人也是很多的。如今，我们把它的意义窄化了，就单指生父了，这是我们今天理解上的窄化。

哆

金文

古鉨

小篆

说文口部

隶书

曹全碑

爹

小篆

六书统

隶书

张迁碑

草书

韵会

汉字的字义有的是被泛化，有的则进一步被窄化了。这个"爹"就是其中一个被窄化了的汉字，读音上用"多"来表示声音"d"的声母，同时暗含着家族的强大与旺盛，有众多的父辈。

移动的"移"，禾木旁显然与禾苗有关，这又跟多少有什么关系呢？

在读音上这个字不是用"多"做的声音，而是用多少做了意义，念"yi"。禾苗多了就要一个一个地移栽，不能都挤到一起，所以"移"字本身是指人们种稻子的时候，先在稻床上集中育苗，待育好的苗长得非常多了，就把它们一个个拿开，一一栽到田中，移秧、移栽，这就是"移"。它是个形意字，跟"多"与"禾"的声音没关系。

但从"移"的金文和小篆看，它还有一个更早的字形"逄"，这原本是最初的"逄动"，为星月的移动，后引申指步伐前进移动，正所谓"月亮走、我也走"，后二字合并为一。这一合并体现了古代中原以农业为主的先导性。

金文
郑羔父鼎

小篆
说文辵部

小篆
说文禾部

隶书
费凤碑

行书
王羲之

三、名字家族

"名"是"夕字家族"中的一个小家，像这样的小家族在每个字族中都会经常出现。

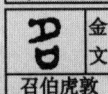

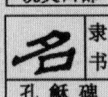

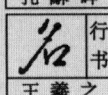

姓名的"名"，念"míng"，也是用"夕"再造的，下面有个"口"字。黄昏夕阳，光线不好，人们从远处走来时打个照面，却看不清楚是谁，那就要开口报姓名，使对方知道自己是谁。所以用一个"口"字，在这里就是报自己的名字用的。

当夕阳西下，人们相互看不清的情况下，用口来自报家名，以便相互提醒和明白。

一个人天天被人喊出名来，时间长了，自然就"出名"了。随后用"名"再造的字还念"míng"，做声音符号。

有的文字学家把"名"解释为：在祭祀时，"口"是物器，"夕"是祭肉。合起来表示婴儿到一定年龄，向祖上报告，祭祀而起名。这个解释没有看甲骨文，若看甲骨文则不妥。

名

名	甲骨文 甲·3488
召	金文 召伯虎敦
名	小篆 说文口部
名	隶书 孔龢碑
名	行书 王羲之

名→铭、茗、酩

金字旁的"铭"，多用于"座右铭"一词，指的是在金属上刻有一些句子，一些词语，如铜鼎、铜盘、铜镜、武器上等，并把它们放在重要位置。干什么呢？为了好好记住它，就像记住人的名字一样，所以我们经常把它放在座位的右侧，所以称之为"座右铭"。

在古时周秦，天子赐予金（铜、青铜）乃是极为荣耀之事，所铸器物要铸以铭文永世记载，以荣耀万代。且人们以右为贵，常敬放于座位的右边，时常观看以提醒自己，效仿祖辈努力治国安邦。

后来还有一词为"铭刻"，指在金属上刻下一些颂歌或警句，不断提醒自己。后来人们为了更便于记录下这些颂歌的时间或人物内容，还多用金属刻在石碑上，以歌功颂德，万世传送这些有名望的人。所以用"名"做声音，用金属的"金"来表意义，其繁体为"銘"。

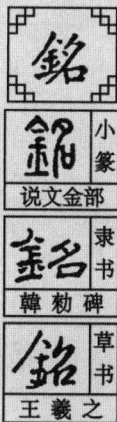

铭 小篆 说文金部

鎓 隶书 韩勒碑

銘 草书 王羲之

尊鼎子孙永宝用 毛公鼎铭文

毛公鼎拓片

铭文

茗

酩

　　草字头（艹）的"茗"，多指"茗茶"。什么叫茗茶呢？茶是个总的概念，像灌木、像草，所以是个草字头。这个"茗"，有人认为是早上起来采的茶；也有人认为是太阳落山以后采的茶。总之不论早晚，在茶采的时候是不能见日光的，天空只有星夕，此时所采之茶有新鲜的嫩芽，用以制茶为茗。且"名"与"明"同音，茶之萌芽则为"茗"。

　　唐人陆羽被后世敬为茶圣，著有《茶经》。《茶经》中曾记载："其名一曰茶，二曰槚，三曰蔎，四曰茗，五曰荈"。当然，这些名字都是古老的用法，至今传下来的只有"茶"和"茗"的称谓了。

　　酉字旁的"酩"，我们常用于"酩酊大醉"一词。酩酊当中，什么叫酩，什么叫酊，又有什么区别呢？

　　"酩"是弄不清自己是谁，弄不清别人是谁，喝酒喝糊涂了，连名字都不清楚了，所以左边是个酒坛子的"酉"，右边是个"名"。

　　"酊"则属于"丁字家族"，指喝酒喝得烂醉而行走不定，把茶几上的酒杯碗具撞得叮叮作响，此为"酊"。

四、歹字家族

说了"名"，接下来在"夕"这个大家族中，我们继续来认识后面的一个"歹"字。

"歹"字念"dǎi"，下面是个"夕"，上面为一横。"歹"字从古文字来看，不一定跟"夕"字有关系，但今天从楷体来看，它们太相近了，于是我们将它归为"夕字家族"。在甲骨文中似乎与占卜有关。

中国古人有一种天命观。天上的一颗星就是地上的一个命，认为一个人的性命跟天上的星星有关，看到天上有一颗流星划落，就代表有一个人死掉。所以，这个字可以看作是天上流星划过的印迹，印迹为一横，下面一个夕表示一颗流逝的星星。凡是"歹"都不是好事，都跟死亡有关系。

随后，"歹"所造的字中多有不好的意思。

歹

甲骨文
獣1·30

小篆
说文歹部

隶书
曹全碑

草书
董其昌

1. 歹➡死

"死"字，在甲骨文中可以看到一个人低垂脑袋的样子，旁边是一个"歹"字。所以今天字形的右边一定不是匕首的"匕"，而是变化的"化"字的省略，一个人变化了就死了。人活着的时候是活人，一旦发生不好的事情有了变化，就变成了死人。

当然，匕首在今天是一种具有杀伤性的刀具，也可暗指死亡。

死亡是相对于生命体存在（存活）的生命现象，意指维持一个生物存活的所有生物学功能的永久终止。能够导致死亡的现象一般有：衰老、被捕食、营养不良、疾病、自杀、被杀以及意外事故，或者受伤等。所有已知的生物都会不可避免地经历死亡。

在人类社会中，死亡的自然现象被世界上的宗教传统和哲学疑问关注了几千年。其中可能包含种种信念，即某种复活（相关于亚伯拉罕诸教）、转世（相关于印度诸教），或者意识永久消失，被称为"oblivion"（通常相关于无神论）。

人类死亡之后，人们通过各种仪式进行纪念，进而形成了各种丧葬之礼。

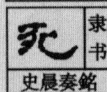

2. 歺→列、裂、烈、例

"列"字念"liè"，字形右边是把刀，为竖刀或立刀旁（刂），古文字左边是"朿"字。"朿"字本意是把"木"用绳子束缚住。这可以是"困"，也可以是"束"。如果"朿"字再加"刂"，就是"剌"（现在整理简化汉字规定用"拉"代替了部分含义，但"喇、癞、辣、蜊、赖"等字还用"剌"作读音符号）。"列"字中"朿"的下面是"肉"。金文就是用刀子刺开肉的意思，现在还说不小心"剌了个口子"。到了小篆，右边刀子不变，左边是把肉剌成三条的样子。这仍旧是用刀子刺开肉体，表示裂开。隶书左边变成"歺"，即"死"字的一半，仍然说明把肉体刺开，与死亡接近。可以说，"列"与"剌"的关系极为紧密，列是剌开后的现象，开裂、分裂；"剌"是"列"的前期动作。所以，"列"就是指用刀子割开，使分裂，开裂。

"列"字随后又延伸了一些字，都跟分开、排开的意思有关，并用"列"作了同样的声音符号。

"裂"字为"列"下面加了衣服的"衣"，指我们穿着本来整齐的衣服，干活时间长了，使缝线的地方断开了，衣服就裂开了，或是不小心划破了衣服，使衣服裂了口子。本专指衣服上的裂口。后来人们用"裂"泛指事物开了口子的情况——开裂，并代替了"列"字。

127

　　"烈"字为"列"下面加四点火（灬），是指用火把一个东西烧崩了，烧裂了，说明这火很厉害。常用于烈焰、烈火、猛烈等。火的强度把东西烧崩了，烧出一道道的口子，说明火势很大，温度很高。这种很大的火就称为烈火。

　　"例"字为"列"旁边加了单立人（亻），本意是人们排列在两边，像"列开"的样子，引申为旁边人的样子。也可以认为，"例"是指在很多人当中分一个出来做代表。这么一群人当中，一个人一个人的划好位置列好队，便于比较，分出一个独立的人来，便可当做例子。所以我们说举例、例子等，就指把事物排列开，并拿出一个划分好的做榜样。在读音上，变音读做"lì"，可能是受站立之"立"的影响。读音虽有不同，但"例"和"列"的声母相同，韵近似。

石文　會稽刻石
小篆　说文火部
隶书　曹全碑

小篆　说文人部
隶书　古隶

3. 歹→餐

　　用"歹"字再造的字，常用的基本就这些了。在这里我们再加一个"餐"字。

　　"餐"字，念"cān"。需要注意的是它左上角的部分为"歺"，它有一个古音为"è"，和"歹"的古文字稍有区别。我们把这个字，放在这里归为"歹"的类似字，因为"歺"字很少用，而它再造字多以餐字头出现，常用的就是"餐"字。

　　"歺"和"歹"相近，也是死亡的意思，其实指的是死亡动物的肉、骨头，字形上"卜"下"夕"，与"歹"的古文字大体一致。

　　"餐"字的右上角是个手（又），手拿着一块"歺"，是什么呢？就是一块肉骨头，砍断砸碎了的一块带肉的骨头，正在吃，即食用。金文左边是舌头的"舌"，右上角为手，下方为食，都是指与吃喝有关。"餐"在今天就是手拿着一块残骨在吃。

　　与"餐"如出一辙的还有一个"粲"字，指一种精米，残存下来的米中精华。后造字为"燦"，今被简化为"灿"，不过璀璨一词中的"璨"倒忘了简化。由此可以看出，餐、粲、燦又可以成一小家族。

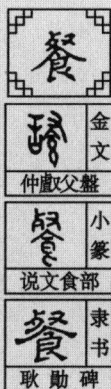

餐

餐
金文
仲虘父盘

餐
小篆
说文食部

餐
隶书
耿勋碑

129

第二章 天气（气云雨）

　　"日"、"月"、"夕"，天文里的天体部分就讲这三个字，接下来我们讲天文里的第二部分——天气，即"云"、"气"、"雨"，也是三个字。

　　我们先讲天上的"云"。

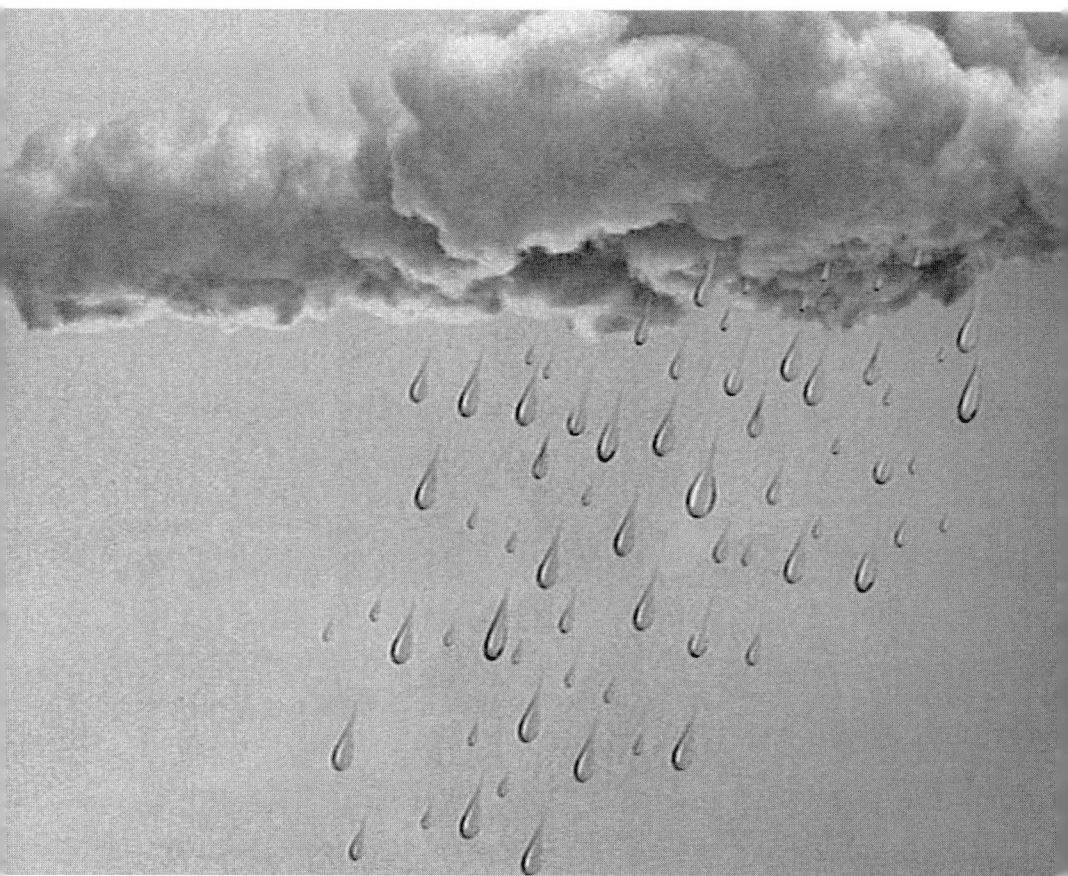

第一节　气字大家族

　　"气字家族"中的首领"气"字，本身是一个大家族，其后的"欠"字又成了一个很大的家族。我们先看"气"字家族。

气变化图	甲骨	金文	小篆	隶书	楷书
	三	三	气	气	气

　　这个字，我们在《文部》中也已经详细讲过了，指天地之间的大气，如空气、云气、水蒸气等。它是个象形图画，那么用"气"字再造字中，有管声音的，也有管意义的。我们把管意义的部分列举一些，并不着重讲，那些字会在它管读音的字根部分来讲。用"气"字做意义的字有一个总体概念，大部分都是化学元素专用字，表示某种气体，如氕、氘、氚等。

　　在化学元素的分类中，属于金属性质的元素都加金字旁"钅"，不是金属性质而是气体的则都加"气"字旁，是固体的非金属多加"石"字，液态的加三点水"氵"，与之相配的是各自专表声音的部分。

　　气字表意的还有一些字不是指一般的气体，比方氛围的"氛"，跟本身周围的空气气场有关。有具体声音符号的字，我们在它的声音符号中去解说。接下来，我们就主要认识一下用"气"字做主要声音符号和意义所再造的字。

氕　氢　氨
氘　氟　氪
氚　氢　氰
氙　氩　氮
氛　氦　氯
氝　氧

化学元素分类中
气体部分的字

一、气字家族

气→汽、氣、忾

"气"字加三点水（氵）为"汽"。日常生活中，我们天天都能见到汽车，为什么要叫汽车呢？它烧的本来是油，怎么没叫"油车"而叫"汽车"呢？油有很多种，而汽车所用的油，是一种专门的油——汽油，车辆烧汽油。既然是油，就是液体，则跟水有关，所以加上三点水（氵），同时右边一个"气"字，说明了这种油的特点。汽油的特点是容易挥发成气体。当然，古人最初造这个字的时候还没有汽油这个东西，汽油是很晚才出现的，今人根据这种油易挥发成气体的特性而为之命名。

最早造这个"汽"字的时候，是为了表达什么呢？它是指水晒干时变成蒸气跑掉了，是指蒸发的水，这是它原来的意义。后来我们发现有一种油类，会像水一样能挥发成气体直至消失，于是把这种油叫汽油，就有了现在汽油的"汽"的意思。

本来这个字还常用于"汽水"一词，泛指现今的各种饮料。早年没有如此多的饮料品牌，人们把这种液体中含有大量气泡的水称为汽水，如今人们赶时髦已不用此词了，皆称饮料。

"氣"字是用气做声音符号再造的字，我们现在认为它和"气"字是繁简关系，一般都把"气"当做"氣"的简体字。它们确实相似，但并不完全相同，因为古人实实在在的分别造了这么两个字，并有所区别。

"气"指天地之间的云气，上接天，下接地，气往上升为云，气往下降为雾、为雨等。后来，人们生活中发现人活着要有一口气在，吃了粮食这口气就足，才有力气，但又跟天空中的气不一样，于是加"米"字造了"氣"字，专指人活着的那般生气。人的生命力就是这样的一口氣，人活着有生氣，吃了粮食好干活，干活要有力氣。后来，在面临汉字简化的时候又被合并为"气"，不再区分了。这也就是为什么同一个汉字，会常常出现在不同的地方，大气与力气。其实，在古代的时候是分开使用的，今天把它们合在一起了，它们也都读作"qì"。

我们今天特别容易把一个竖心旁（忄）加一个"气"字的"忾"念成"qì"。实际这个字有三个读音，分别是：同仇敌"忾（kài）"，指气愤、愤恨；"忾（xì）"乎天下，指叹息；还念"qì"，这个音现在很少用了。

念"qì"时，右边部分就是读音，非常准确，指心里憋闷，有气在心中，"慨忾"一词就是把心中憋闷的气释放出来。

念"kài"时，则是受另一个字的影响而发生的变读，就是慷慨的"慨（kài）"，侧重于

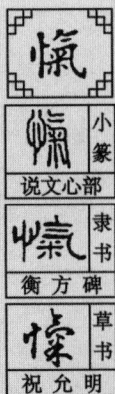

一种把憋闷之气释放开来的感觉，因侧重不同，人们又读成"kài"。

"同仇敌忾"指全体一致痛恨敌人。这个成语出自《诗经·秦风·无衣》："修我戈矛，与子同仇。"《左传·文公四年》："诸侯敌王所忾，而献其功。"

念"xì"时，指人把心里憋闷的气慢慢吐了出来，需要长出一口气才能平静下来，指"叹息"一词。我们长出一口气，微微张开嘴巴，这一定是发不出"k"音的。但是今天我们普通话正音的时候规定它念成"kài"，我们就不做更改了。它就指人身体内的气产生的憋闷与释放。

学习古文时，人们会发现它有三个读音，表达上用得细致入微，同时繁体为"愾"。

二、乞字家族

甲骨文
珠·603

金文
公姞鼎

小篆
说文气部

隶文
復民租碑

草书
王羲之

　　从"乞"字的发展变化来看，它一开始就是"气"字。也就是说，小篆之前并没有"乞"字，而是在隶书当中才出现的。人们把"气"字减掉中间的一笔写成了"乞"字，在隶书中才出现，自然它是比较晚造的一个字。在很多古文字当中，它其实就是"气"字，用它再造的字，还是跟气有关系。那隶书时古人为什么要再造一个"乞"字呢？

　　"乞"字减掉一笔，说明气不足了。在什么情况一个人的气不足呢？我们每个人都有求别人办事的时候，这时候就能体会到"乞"了，因有求于人所以底气不足。所以要饭吃的人被叫作乞丐。"丐"字上面是个"下"，下面的"勹"是个变体的人字，暗指下人、下等的人。乞丐就是乞求别人给口饭吃，等级较低的人。

　　"乞"就是"气"字的一个变形，"乞"再造的常用字，我们也主要讲两组。

136

1. 乞 → 吃、迄、讫

　　"吃"字发"chī"的音，今指吃东西。原本在小篆之前，右边就是个"气"字，但并不是指吃饭而是指口气，念"qì"音。古人的"口气"是什么意思呢？就是我们今天的"口吃"，俗话"结巴儿"。结巴儿说话的时候，口中气不能连贯，似气不足，因跟口说话出声有关，所以一个"口"一个"气"，很是形象。

　　然而，古人真正吃饭的"吃"字并不这么写，字形原本右边是个"契"字，读音为"qì"，指契约，即用刀子所切刻的内容，指"切割、刻划"，读音侧重"qiè"。

　　"契"字上面是三横一竖，似今天的"丰"字，旁边加有"刀"字，下面一"大"字指人，指一个人拿着刀子在那横着竖着刻道道——做记号。古人做完了记号把它劈开切成两半，一家拿着一半，这就是最早的约定——契约。人们吃东西时，嘴里的牙齿是把食物咔咔地切开，就跟划道似的分开食物去咀嚼，于是加口字旁就是指吃饭的"喫"。

　　到明清时代，刻版印刷十分发达，由原本只是刻板印刷佛经和儒家经典进而普及为诗集、小说的刻印。在这种情况下，人们对刻版、雕版的频繁使用中，笔画多的字逐渐表现出其繁琐而不好雕刻的缺点，"喫"的笔画太多而"吃"的笔画少，为了方便刻版，刻工们在刻版当中有时就做了替换，原本吃饭的"喫"刻成"吃"。

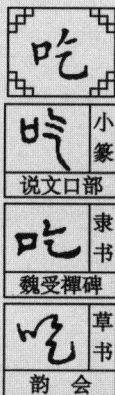

后来，简化汉字的时候，也就沿用了这一替换。但是，我们在看一些古籍刻版中，还会看到这个"喫"字，如宋刻版本的影印图书中，还能看到它正确真实的使用。

汉字中，类似明清刻工因为刻板而对刻板用字的"简化替代"的还有一些字，例如身体的"体"字，原本写作"體"，而"体"的本意可就距此差得远了。在植物的"木字家族"中，我们会做详细介绍。

"迄"字念"qì"的音，有止、到的意思，不再走了、走到停了。例如，成语"迄今为止"等。历史从漫长的岁月中走到今天，难免气短，也就是有时乏力，不知怎样走，所以有"迄止"一词。

"讫"多加了个言字旁（讠），繁体为"訖"，指说话说到这里就停止了，也念"qì"。
"收讫"就是收到了，结束了，有绝的意思。它是由"迄"字略写为"乞"加"言"再造的字。

2. 乞➔屹、仡、犵、疙、纥、圪、肐

以上用"乞"再造的字，大部分都还念"qi"，此外，还有一些字例外，但读音相近。

"屹"字念"yì"，古音跟前面的不同但相近。它跟山有关，右边是云气，形容山势很高，山顶云雾缭绕。一座大山立在那儿，刚毅威武，立而不倒为屹立。

"仡"字也念"yì"，这跟人有关，于是加一个单立人（亻）做旁，指一个人像山那样很威武、很高大。

这个字在今天，我们还把它读成"gē"。中国有一个少数民族叫"仡佬族"，在这里其实是用"仡"字代替了"犵"字。

说到"犵"字，我们得从这个民族说起。

古代，中原地区对一个少数民族有所歧视，便将边远的民族写为"犵猪族"。古代中原文化被公认为是文明先进的，而少数民族则被认为是落后的，中原人把少数民族常比作和动物同类的野蛮人，所以用一个表示动物的反犬旁（犭）归类。那么为什么加个"乞"字，首先有底气不足的意思，同时这个民族的人常佝偻着身子于树林中，他们也不像中原人穿着宽袍大带，这个少数民族他们穿的衣服小，紧个腰就行了，穿着简陋的短衣襟，小打扮，看似没有底气，于是被称为"犵猪族"。

山峰屹立

139

仡佬族

新中国成立后，国家给这个民族正式定名的时候，显然不能使用这么有歧视性的文字，就准备用了屹立的"屹"。这个字有高大威武的意思，且少数民族多聚山林，身体健壮，因为要指人所以又选用了"仡"字替换。少数民族在自己历史的长河中惯称自己为"仡（gē）佬族"，于是"gē"音就一直保留沿用了，而"仡"字的本意和它"yì"的读音则逐渐被淡忘了。

在"仡佬族"这个专有名词以外，"仡"则都应念"yì"。此外，仡佬族一词中的"猱"变成"佬"字，也是如此改来的。"老"作读音，暗含"古老"的意味。仡佬族明代史籍记载为"古僚"，近百年贵州一些深山仡佬族人，还保留一些古僚人的某种习俗，如凿齿，以石板为棺的墓葬等。

"疙"念"gē"时，为疙瘩；当念"yì"时，指痴呆的样子。"疙"指明是一种病，一个人气血不畅为一种病，身上就会起疙瘩。一个人火气很大时，脸上会长出一个个红色的小包，年轻人火气大，今天我们叫"青春痘"。因跟气血有关，又是一种病，于是加病字头（疒），写为"疙"。"乞"表示与气血不通畅有关。

"虼"念"gè"，为虼蚤，就是指跳蚤，是一种会咬人的小虫子，人一被它咬了身上就起疙瘩，全身痒痒的。右边由"疙"字省略而来，左边加"虫"表示归类。北方方言的土话中，还保留有对跳蚤的这一叫法——"虼蚤"。

"纥"还念"gē"，加"纟"自然与丝线有关，就是线纥繨。丝线往往是顺当的，但是它也很容易乱成一团而缠在一块，变成一团绒纥繨。它是由线丝弄成的，所以为绞丝旁（纟），也是根据"疙"字略写而来的，也有不顺畅的意思。"繨"字没有简体，右边是到达的"达"的繁体"達"。

如果地面不平，坑坑洼洼，看上去就像皮肤肿起了一个个的疙瘩一样，那就是"土圪垯"，是由土形成的。这次换用土字旁写为"圪"，同时"垯"字做了简化，本为"墶"。

"肐"是个肉月旁，指明跟肉体有关系，在今天看也是由"疙"字略写所造的字，人的身体部位上什么地方是不顺畅有拐弯的呢？人的身体上下，只有胳膊窝这个地方是不顺畅的，有个很大的拐弯。所以"肐"指胳膊窝，俗语"肐肢窝"。后来，因为此字常容易被误读成"qǐ"或"yì"，就改用了带有声音符号的"胳"字，它俩算是异体字。

141

三、欠字家族

在气这个大家族中，由"气"字还造的一个很有用的字，那就是"欠"字，它也引领着一大家子。下面我们来讲"欠"字和它的家族。

欠变化图	甲骨	金文	小篆	隶书	楷书
	𠂢		𣨀	欠	欠

"欠"字，我们今天大部分用于欠债一词，其实它是指打哈欠。这个字下面是个人，指明跟人有关，上面是什么呢？其甲骨文像一个人张开大口的样子，一个人张着大口出气是在打哈欠，隶书字体和甲骨文相近。但是在小篆时，"欠"的字形上面是三撇，下面是个人，人上头的三撇（彡）实际就是"气"字，加入了文化内涵。头上的气哪来的？就是嘴里吐出的气，指打哈欠。

"欠"字和"气"字的声母也是相同的，它是个音意字，用"气"来表示读音，念"qiàn"。我们把"欠"字搞清了，那么用"欠"再造的字，大部分都跟张嘴打哈欠的动作和内涵有关。

用"欠"随后再造的字，有管声音的，也有管意义的，分成了两部分，我们同以前一样，主要介绍"欠字家族"管声音的部分。其他，如"欣"字，我们放在它的声音符号"斤"里讲；

"欢"字，我们放在鹳鸟里讲，这跟欢字的繁体字"歡"有关；欺压的"欺"在"其"字里讲等等。

欠字家族	甲骨	金文	小篆	隶书	楷书
				欠	欠

歉	饮飲	次	次
软軟	吹	咨	羡羡
砍	炊	资	盗盗
坎		姿	
款			

以上这些就是"欠字家族"的常用字，同时"欠"字又归在了"气字大家族"之中。欠、气二字同声，又都与"气"有关。所以汉字的小家族与大家族，凡是有声音联系的，尽量归纳在一起，这样文字（形）与语言（音）就会在一起了。

1. 欠→歉、软、砍、坎、款

这里，我们第一个讲的是道歉的"歉"。

"歉"字用"欠"做声音符号，念"qiàn"，常用于道歉一词。什么叫道歉？顾名思义，就是你做的这件事对别人有亏欠，亏欠是两者之间有一方欠另一方的，是相互兼顾的，所以左边是个兼顾的"兼"字，表明二者之间，右边是个"欠"字。"欠"在此处就是欠身的意思，一个人打哈欠的时候，一定会弯曲身体并低下头去，就似道歉时弯腰曲身的样子。

一人向对方欠身低头时，道明自己的过失，赔不是，这叫道歉。"兼"有相并的意思，表示是两人之间的事情，有人接受你的歉意。

"软"字念"ruǎn"，左边是个车，这个字似乎跟车辆有关系。我们感觉什么时候坐车是软的呢？今天汽车座椅是软的，古人造字时可没有绒毛垫，没有轮胎这些东西。我们在走路时，有时腿会打软，使身体跟着就欠了一下。其实，古人造这个字的时候是把坐车时，硬硬的车辙走到坑坎上，车轮往下陷的瞬间使人颠簸欠身的这种情况叫软。古人用硬硬的车轮在路面的坑坎中"欠"了一下的感觉来表示软，用"车"做偏旁使有所对比。

"软"字右边的"欠"，车辆在坑坎中"欠"了一下，里面的人一定也会打了个"欠"，僵硬的身体是不能打"欠"的，所以都有软的概念。因此，"欠"也可以理解为是坑坎的"坎"的缩写。

歉

金文
秦權

金文
秦權

小篆
说文欠部

隶文
郙閣頌

歉意

软

小篆
篆典车部

隶书
蛰道人

草书
王羲之

"砍"字念"kǎn"，一个石头一个欠，砍伐的"砍"。我们砍东西肯定要找一个硬东西来砍，你拿一团棉花肯定砍不了东西，找来的硬东西就是石头，因为石器时代人们的农具器物多为石制，而金属器物出现得较晚。

人们用石器一砸，就有了一个口子，同时石器的分量可不轻，人们使劲挥舞起来也要运气出力，砍完东西还要吹吹刃，同时被砍的东西也一定是开了个大口子，缺了一块，欠了一块。它的读音就是模仿硬物相互磕碰时发出的声音，并保留了"欠"的韵。

"坎"字指坎坷，地面开了一个口子，就是路面像被东西砍过一样，是一个凹下去的坑，这为坑坑坎坎。

本来这路面土地是平的，现在就像被砍过张开了口子一样，一个土加一个欠，这就是坑坎的"坎"。同时"坑"和"坎"又不同，坑是深的，人掉下去不容易上来，你要费力地"吭哧吭哧"伸着脖子往上爬，这叫"坑"。"坎"是浅的，你用石器也砍不了很深，这就是深坑浅坎，它也念"kǎn"。同时地上的浅坑，也可能是因为地面松软时，被车辙压出或被行人踩出的地面凹陷。

"款"字，念"kuǎn"。大家都知道，今天我们在银行里要存款，要贷款，都用到了这个字，那它是什么意思呢？今天款字左下角是

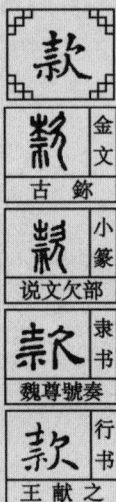

表示的"示"，左上角的"土"和右边的"欠"的组合正是坎坷的"坎"字。"坎"和"款"古音是相同的，"款"字首先不是指钱，不是我们所说的贷款、存款、钱款等。它最开始跟钱是没有关系的，是指文字书写中的一种格式。

在古代书写、书画多为竖排，因为古代无标点，所以一段文字结束该另一个段时，就采用了低下两个字的空白表示另一条记录的开始，即另一个条款。于是书面上的留白就像坑坎一样，一个一个的。由于古人收取金钱时要记账，一笔钱用于一个项目就有了分段，且项目很多，于是又叫作款项；规定的条目多了，一条一条的就叫条款，这才用了款的本意。

后来，人们说到金钱的记账时，就常用到"款"字。当然钱的交易必是一方欠而留名待还，这就用了"欠"字，欠下的一条条记录就是欠款，还掉这些款项就是还款等，于是"款"跟钱的搭配就越来越密切了。

此外，"款"还有款待的意思，表达诚意。从古文字中还可以看到原本左下角为表示供桌的"示"，表示敬神。左上角似是一个"禾"字放于供桌之上，右边一个人跪坐施礼，合在一起为用收成的庄稼祭祖表达诚意，款待祖上。人们款待祖上以后做下记录，某某人何时祭某某祖并款以何物等，留下的标记逐渐形成了"落款"。后演化成一种署名的形式，盛行于古代文人墨客之间。

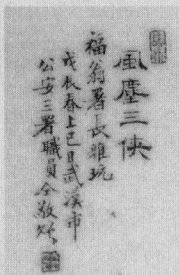

2. 欠→饮、吹、炊

"欠"字除了在字中做声音符号以外，还有一堆表意义的字，都跟张开口有关。

"饮"字左边是食字旁（饣），右边是欠，指饮食，念"yǐn"。

自古以来饮是饮，食是食，食是吃的粮食；饮是喝的汤水。汤水也像吃粮食一样要张开口，但不同的是饮似把汤水通过口中引入脏腑，这叫饮。它与汤水有关，但古人为什么没有用水字作旁（氵）？因为容易跟另造的一个字混淆，三点水多指水域，"水"和"欠"组合另有其字，我们稍后会遇到。人们所吃饭食往往都源于粮食，"食"本就是指食用烹饪好的粮食，汤水也是用粮食做好的食物，不用咀嚼引入脏腑即可。从古文"饮"的字形，可以清楚地看出，一个人张开大口（欠）并弯下身子准备喝容器中的汤水。

从古人生活考证看，古人学会用火做饭之前，没有热汤。甲骨文字体中画的容器像是酒坛子，所以，饮的古字形"欠"字旁边其实是酒坛，"饮"是饮酒的意思。

这个"吹"字，左边是口字旁，打哈欠要张开口，不打哈欠时，却还是张开大口出气，这就是吹，念"chuī"。读音也是模仿吹气时的声音。

饮

甲骨文 佚·648

金文 沈兒鐘

小篆 说文食部

隶书 史晨奏铭

草书 苏舜钦

吹

甲骨文 甲·2974

小篆 说文口部

隶书 史晨後碑

行书 赵孟頫

炊
烻
小篆
说文火部
炊
隶书
尧庙碑
炊
草书
王羲之

这个"炊"字，左边是火字旁，炊烟的"炊"，右边部分的"欠"是"吹"的省略。

在古代取火时，要先用个小火来引着一个小火苗，然后用嘴慢慢吹，使火焰慢慢长大。一开始是用嘴巴吹，后来人们做饭就有了风箱、鼓风机等，替代了用嘴吹，使做饭时的炉火更旺。这个字是用"欠"，也就是"吹"的省略，来做意义符号，指吹气，也念"chuī"。

吹、炊二字同音同意，张口吹气，使火旺盛以便做饭食，叫做炊事，即做饭，今天的军营中还保留有"炊事班"的名称。埋锅做饭第一件事当然就是先点火。

3. 欠→次、瓷、咨、资、姿

"次"字的两点水（冫）为冰，再加"欠"组成，念"cì"。

首先，"次"字的右边，是一个人张开大嘴的样子。我们在《文部》里讲到水时，讲过冰。那么这个"次"的本意就跟水结冰有关，水面结冰以后会出现膨胀，使冰面裂有口子，就像人张开了口似的，同时会有水涌出再结冰，这样一遍遍地反复，使冰一次次地结，一层层地累积。所以这个"次"本身指的是冰面裂出的口子，后又引申指层层的冰，这就是层次。

"次"字本身表示声音和意义再造的字也还有一些。瓷器的"瓷"读音为"cí"，下面是个瓦片的"瓦"字。它指在烧好的泥瓦上又一次刷上了釉，以便于再烧制一次，方能成瓷。

中国是瓷的故乡，瓷在这片土地上流传几千年，是中国古人智慧的结晶。一把瓷土搅动地球，它在东西美学的影响下成为第一件全球化的商品，当它走向世界的同时，成为一个国家的名字"china·瓷——中国"。

咨询的"咨"，读音为"zī"，和"次"读音相近。所谓咨询就是要多次反复地问，一次又一次地问，反复地询问清楚，这叫咨询。所以，"咨"字用"口"表意，用"次"兼作

读音，同时暗含"多次"之意。

资金的"资"，念"zī"，"贝"字底表明跟财物、金钱有关。物资、金钱都不是一次性使用，它们要多次使用、运转，这才能称为资。例如花出去的钱还能再次运用，这叫资本。这就是钱再次，多次循环，这才为"资"。钱放在家里不流动，不再次使用不能算"资"。"资"就像树根的"本"生长那样，越来越大，越来越厚实，所以才叫"资本"。

姿色的"姿"也念"zī"，下面是个女字底，表明与女子有关，上面部分是"资"的省略。女人的身体就是她的资本，因为她要生养孩子，是一个家族繁衍的根本。说一个人姿态美妙莫过于女子，用"女"字做了意义符号。正所谓一个男人的身体好坏，是他事业的资本，一个女人身体好坏，则是她持家的资本。

咨、资、姿还有恣等字都是用"次"作声音符号的，重点讲前三个，其他还有一些，将来作"穷尽式"字族识字中再做详细介绍。

4. 欠→次、羡、盗

"涎"与"次"的区别，就在于"涎"这个字左边为三点水（氵），为水；"次"字的左边为两点水（冫），为冰。"次"字念"xiàn"，是指人张开口流出的口水。且此字已被"涎"所替代，"次"被认为是"涎"的异体字。

用"次"再造的字最典型的为羡慕的"羡"。人们看到鲜美的羊肉在那放着，很想吃，便流了口水，所以羡慕的"羡"为"次"加上一个羊，它本写作"羡"，后减了一笔，写成了"羡"。

汉字中很多原本三点水（氵）作偏旁的字，后来都写成二点水（冫）。如：净（淨）、冲（沖）、减（減）、凑（湊）、决（決）等等。可能为了省写一笔，也可能是因为不明造字原理。

除了"羡"字之外，还有盗贼的"盗"。
羡慕的东西，你想拥有、想拿走，一个器皿你想偷，这就是"盗"。它本写作"盗"，后来同"羡"字一样，也少写了一笔，作"盗"，这与原来造字的理据就疏远了。

羡	盗
羡 小篆 说文羊部	盗 甲骨文 前6·32
羡 隶书 孔羡碑	盗 小篆 说文皿部
羡 隶书 赵君碑	盗 隶书 羊窦道碑

第二节　云字大家族

　　"云字家族"的"云"，我们讲《文部》的时候已经清楚了，就是天上的一朵云。甲骨文、金文、小篆、隶书、楷书，我们就不再重复这个过程了，主要看它的家族。在这之前，我们要对"云"与今天所谓云的繁体"雲"有所区别。

云 变化图	甲骨	金文	小篆	隶书	楷书
	𠄠	云	云	云	云
				雲	雲
				雲	雲

　　今天我们把这两个看作简体和繁体，实际上并不完全正确，为什么呢？因为"云"字除了表示天上的云彩以外，后来又表示了说话，它不是指今人的说话，而是指古人的说话。古人说的话为经验之谈，留下的声音就像天上的云一样，能风行千里，传于万世。所以叫"古人云"，或者"诗云"，"诗云"指的是《诗经》上说的。

　　"云"跟"说"又是怎么联系起来的呢？当天冷了，人们说话的时候就会有哈气，哈气似云雾，古人认为它往上升就变成了云，所以用像云一样的这个现象表示了说话。当云另作他用后，本来表示天上的云怎么办呢？这才加了一个雨字头，有了"雲"，把二者的作用分工了。过去"云"永远表示说，如"子曰诗云"，永远是这个"云"字；

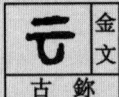
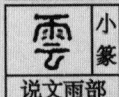

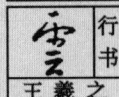

白云朵朵的云，云彩的云，乌云的云，则为加雨字头的"雲"。天上的云多了，自然就要下雨了。

在我们简化汉字的时候，考虑到既然开始它就表示天上的云彩，为了简便书写我们把"雲"字的雨字头又给去掉了，这才又有了"雲"到"云"的简化，这就与表示说话的"云"混用了。其实，我们今天的很多简化汉字，是回到了原点，这是进步还是倒退，很难说。

当今电脑早已普及，用电脑录入古文时要注意，计算机用繁简关系翻译古文的时候，经常出现"某某雲"、"子曰诗雲"、"古人雲"等，这样的错误要给予改正。

云字家族	甲骨	金文	小篆	隶书	楷书
	云	云	云	云	云

云雲　昙曇
耘　　坛壌壇
魂
运運
动動

常见的"云字家族"里的字，就以上两组。"云字家族"中用"云"字做声音符号、意义符号再造的字，以及简化使用的情况，我们来一一认识。

云字家族

1. 云→耘、魂、运、动、恸

耕耘的"耘"，念"yún"，左边是个"耒"字，表示跟农耕有关。"耒"是古代的农具，我们有耕耘一词，同时像大多数词组一样，耕是耕，耘是耘，耕耘二者不同。

"耕"主要指耕地，"耘"主要指锄草。田地里的草被锄了以后，在地面上就留下一片一片的，像天上的残云一样，这叫"耘"。"耘"字在小篆时，便清楚地表明了与草有关，后世隶书省去了草字头。古人整理田地，既要"耕"也要"耘"，二者合起来就指种庄稼的"耕耘"。

因耕耘与庄稼、禾苗有关，后人又造了一个异体字"耺"，今已废用。

魂魄的"魂"，我们讲"魄"字的时候提到过，念"hún"，和云的读音"yún"韵相同，是用"云"字表示读音的，同时用"鬼"字表示意义。

中国古人认为，人活着是有精神的，人死了以后精神的部分——魂魄，就离开了肉体。古代传说中，人一旦死了，这魂就驾云走了，像云一样飘走了，剩下一副肉身，肉身腐化就成了骷髅，这骷髅就是鬼。"鬼"字也正是这样来的，讲《文部》的时候，我们已经提及过。如果这鬼还能运动，那就是因为魂或魄还在。"魂"和"魄"，二者就是人的精神部分，一个人没有精神，我们形容为丢了魂、失了魄，有个成语"失魂落魄"。人死了，为灵魂出窍，所以用一个"鬼"字来表示跟死亡有关之意。

"魂"字和"云"字韵母相同，暗含灵魂、魂魄像云一样飘来飘去，一会儿有，一会儿又没有。

魂魄

关于"魂魄"的问题，在中国文化中有很浓重的一笔，我们在讲"魄"字的时候曾经说过，中国古人认为一个人的魂和魄为"三魂七魄"、"一阴一阳"，它们之间的关系甚至涉及到中国古老而神秘的中医，将来我们讲到中国文化范畴时，再介绍"三魂"与"七魄"。

随后用"云"再造的一些字，有一些稍有区别，是在汉字简化过程中，使用了字音的替代。例如，"运"、"动"二字。"运"、"动"两个字是真正的简化字，它们繁体为"運"、"動"。

"运"字，原本在走之上是个军（軍），军队行军有辎重，所以加"辶"表行动，这个"運"指军资运输。前方打仗，后面运送，供给大量的兵器和给养。所以用"军"加"辶"，这个字造得十分生动、形象，和生活很接近。但书写中"军"字的繁体"軍"难写，在"運"字简化时"军"和"云"的韵母相近，于是改成"云"，所以才有了今天的"运"字。

運 石文
運 會稽刻石
運 小篆 说文辵部
運 隶书 孔羡碑
連 行书 虞集
運 草书 王羲之

155

云在天上不停地飘移，也能指向运动，同时用"云"做音符，注音也更准确。"辶"表行走没有变化，而云正是在天上不停地移动，也有运动的意义。另外，我们还常说"运气"一词，也正像天上的云一样，好像一点点在走动，带来不同的天气。出门抬头一看，浓云之下必会下雨，运气不好，不利于外出办事。可见，简化字也有它的字理。

"运"字简化成由"云"字做声音符号，也好写了很多，意义仍旧不失，内涵还增加了不少，是一个很不错的改进。

"动"字念"dòng"，我们依旧先看繁体"動"字的由来。凡是要动都要用力，右边一个力量的"力"，简化时没有变化，是意义符号；左边本是一个"重"，是它的声音符号。"动"的时候是一个重东西在移，它本身不会动，你要用了力才能使这个重东西动起来，于是有了"動"字。如果是一个很轻的物件，那就不是动了，而是飘。所以动字强调了物体的重量，用力的大小。

汉字简化时"動"左边的"重"字变成一个"云"字，使"ong"的声音符号消失了，但借用了云在天上是飘来浮去不停移动的概念，汉字简化中笔画的减少确实使书写简单很多，意思勉强说得过去，但原本"重"的意义就没有了，力的作用就小了很多。相比"运"字，"动"的简化就不甚理想。

動	
𩈔	甲骨文 乙·6690
𩇢	金文 毛公鼎
勳	小篆 说文力部
動	隶书 夏承碑
动	草书 王羲之

　　用"动"作声音符号的字，还有一个"恸"字，这里也顺便提一下。"恸"字本意是极度悲伤。因为悲伤是由心而动，所以左边用"忄"（心）来表意；又因是极度，即大哭，使内震动五脏，外惊动四邻，所以用"动"作读音。

　　"运动"这两个字变化到今天的样子，人们在使用当中基本都能接受。但对汉字简化的进行，除了书写的方便外，对汉字的认识并没有减轻多少，反而加重了很多，有时往往因为遮掩了其本来的含义，而不便于后人认字识字，其中有进步也有不足，孰难两全。

2. 云➜昙、坛

昙云的"昙"字，下面的"云"字是个略写简化，原本繁体的下面是个"雲"字，写作"曇"，念"tán"。

实际这个字从读音来讲应该放到"旦"字族来讲。上面是个"旦"，指太阳刚出来，下面是个云，"云"字上面的一横和"旦"字下面的一横重合，所以略掉。这个字念"tán"，同时也念"dàn"，以"旦"为读音符号。

"昙"就指大朵大朵的白云，且能遮住太阳。这么多的云在空中飘来移去，把太阳一遮一现的，似早晨太阳初升之际。这种一团团移动的云就叫昙云。昙云密布，常遮蔽住太阳的光线，但因其移动快所以遮蔽的时间很短，移来移去似太阳一出一落。

世间恰有一种花，它开放时极为优美但时间很短，一开即敛似昙云蔽日。一现一消，故其名为昙花，这就是"昙花一现"的由来，形容美好的事物一现即逝。昙花是常绿灌木，花大，白色，多在夜间开放。晚上 8-12 时开花，约 4-5 小时即凋谢。昙花与日光、云彩有关，佛家对此也有一美丽传说，叫"昙花一现，只为韦陀"。所以又名韦陀花。

正是因为"昙"字主要是形容天上的云，其简化形体又像是"日、云"二字合成，所以

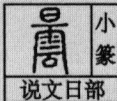

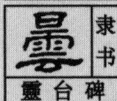

雲

小篆
说文日部

隶书
靈台碑

草书
柳公权

昙花

我们没有把它放到太阳里的"旦字家族"中，而是放到了指其本身特性的"云"字家族中。

"坛"字，也是简化以后的形象，这一简化为它赋予了两个概念：一个是酒坛子，原本为"壜"或"罎"；再一个是祭坛，原本为"壇"。这两个概念下的坛，都跟土有关系，酒坛子是用土烧的，论坛、讲坛（壇）是用土垒起来的，所以都是土字旁表意归类。

那我们来看"坛"字右边分别是什么，来认识原先的两个字。

当为"壇"字时，右边部分是"亶"，念"dàn"，亶是个粮仓。我们前面讲过，粮仓自然是建于平地并在一个高台之上。古代的壇就像一个平地起的高台，是为了做一些法事，如祭祀，或高谈一些论调而垒起来的台子，这才有法坛（壇）、论坛（壇）、讲坛（壇）等词。

著名电视节目"百家讲坛"的"坛"，就是这个"壇"字的简化。一个高台像建粮仓时所垒砌的台子，这种叫壇，用了谷仓的"亶"形表了意和音。此外，北京著名的古迹天坛的"坛"，也是"壇"字的简化。

当为"壜"或"罎"字时，是指的盛酒的容器。"罎"字指的是，酒易挥发，似有云气从容器口里飘出，有香味，上面放一个盖子把它盖上。这个盖子就是"彐"，也是最早帽子的"帽"，

壇	
壇	小篆 说文土部
壇	隶书 桐柏庙碑
壇	草书 董其昌

壜	
壜	小篆 篆典土部
壜	隶书 蛰道人
坛	草书 韵会

天坛

有盖住的意思。"壜"字则从一方面来表现酒坛子的特点，大肚子小口，口小使酒不易挥发，便于封存，大肚圆圆的能存酒水，像个太阳。打开盖子能闻到酒香，盖上就没了，一遮一现用了昙云的"昙"表了意和音。

缶

酒坛子

酱菜坛子

缶则是古代用土烧制的一种大肚小口儿的盛酒瓦器，饮酒之时可拍打敲击以助酒兴。它本是一个酒坛，后变为一种敲击乐器。《史记》中《廉颇蔺相如列传》有记载，秦昭王与赵惠文王在渑池聚会，秦王辱赵王使其弹瑟，命史官记"秦王与赵王会饮，令赵王鼓瑟"。蔺相如则迫秦王击缶，命史官记"赵王与秦王会饮，令秦王击缶"，以作反敬。

其实"壜、罎"二字，它们可以当作异体字。"壜"与"罎"可以看出它俩原本的书写都特别复杂，笔画很多，因同时都念"tán"，于是在简化汉字的时候，就用一个"云"字简化了"壜""罎"还有"坛"，所得的"坛"，并包含了"坛"意思。现在的这个"坛"字究竟是指酒坛子，还是指讲坛，那就要看语言环境了。它们字体本身的象形意义，也因简化而消失了。

在识字时，尤其是儿童识字时，我们显然不能把它在儿童理解能力不足的情况下，彻底还原，也就是说不能对儿童从学术角度讲解汉字，那怎么办呢？我们给一个技术而非学术的办法，对现代简化字进行合理解说，如这个"坛"字：

酒坛也好，讲坛也好，首先都是跟土有关，所以用土字旁。这个酒坛子里冒出的酒气像云气，所以用了"云"字；讲坛、法坛多为是古人讲经文、做法事所用，必然烧香、烧纸，云雾缭绕像很多云气，同时古人在坛前都是口中云云，于是也用了"云"字，把它俩字形合二为一个就是"坛"。

关于简化字，今天我们也尽可能地找到简化字的依据，或者说赋予它们一定的理据，以使汉字的文化内涵得以延续。

第三节　雨字大家族

前面讲了"云"，讲了"气"，云气自然会升腾而变成"雨"，所以我们接着讲的部分为"雨字家族"。

雨变化图	甲骨	金文	小篆	隶书	楷书
	𠕒	雨	雨	雨	雨

"雨字家族"的首领"雨"字，我们在《文部》中已经把"雨"字从甲骨文到金文，到小篆、隶书的演变讲过一次了，它就是天空在下雨时，雨滴落下的样子，是一个非常典型的象形字。用"雨"字再造的字，仍旧是一部分表示声音，一部分表示意义。所有的象形字再造字时，都不出形意、音意两个范畴。

雨字家族	甲骨	金文	小篆	隶书	楷书
	𠕒	雨	雨	雨	雨

需　漏　　雪霹霭零霝霍
儒　　　　霜雱霸雾霉雷
孺　　　　露雯震霉霾霆
濡　　　　雹霞霖
糯
懦

形意就是用"文"作意义符号表达的造字方法，没有声音符号。而用"雨"字头做意义符号，其他部件做了声音符号，是音意字，例如"霹雳"二字，雨字头下面分别是"辟"和"历"表读音；冰霜的"霜"，雨字头下面是"相"，都是"ang"韵，还有露水的露、冰雹的雹等等，这些字都将在这些读音符号中去介绍，属于各自的家族。

"雨字家族"中，我们重点讲"需"字一家。那么，首先要学会这个"需"字，它随后再造的一堆字也就好学、好记了。如加个"亻"的"儒"念"rú"；加"子"的"孺"念"rú"；加"氵"的"濡"还念"rú"；加"米"为"糯"则改念"nuò"；加"忄"为"懦"念"nuò"，等等。"nuò"音和"rú"音好像有点儿不一致，其实在古音当中是一样的，后来韵有所变化，但依旧遵循"音变而形不变，形不变则意不变"的造字原则。

"需"字，其结构为上面一个"雨"字，下面一个"而"字，读音为"xū"，和"雨"字同韵。"需"是"雨字家族"里的一个大家长。

关于"雨字家族"再造的字，初期的认识中我们就讲这些，其中做声音的主要是"需"字，做意义的有很多，分别归属于那些字各自的声音部件。

此外，我们多介绍了一个"漏"字，它就是"雨"字做意义，读音随了"落"字。

漏雨、漏水的"漏"，左边是三点水"氵"，右边是个房子下面一个雨，说明外边有大雨，房子里面有小雨，很形象。

雨字家族

1. 雨➡需、儒、孺、濡、懦、糯

　　"需"字上面是"雨"，和"需"的韵相同都是"ū"韵，所以它是用"雨"做音符的音意字。下面是个"而"字，这个字和雨有什么关系呢？"而"字的古文字有多种解释，一说指天垂之象，一说指植物的根系，一说指人的胡须，等等。这也使需字有了多种解说。

　　许慎的《说文解字》中，解释"需"为一个人在下雨的时候避雨，不能行走而需要在那等待。从古文字看，下面这个"而"是指人，像一个"大"字的变化，指一个有胡须的男子在雨天尚需外出劳作或办事。当然也可以理解为：这时需要等晴天再办事。

　　另解，从"需"的古文字字形来看，天上有雨水降落时的样子也像"而"字，似天雨垂落，万道而下。天雨能滋长天下万物，使之生根于大地，植物、动物如没有雨水提供水源，也很难生存，雨水为生命所需。我们认为这个解释可能更合理一些。下雨了，树叶对水分的吸收是次要的，主要是树根需要雨水，我们把"需"字下面的"而"看作植物的根，应该更符合生活中的常理。

左侧图注：
需　小篆　说文雨部
需　隶书　孔彪碑
需　行书　董其昌

而　甲骨文　天·80
而　金文　僕兒鐘
而　小篆　说文而部
而　隶书　曹全碑

这样古人就把"需"字造了出来，植物的根需要雨水，那么下了雨以后的地面就软了，后又引申出软弱的意思。地面集水，人踩车行不断搅合而泥泞，使之黏着，似糯米的粘性。那么"需"字再造的字，也就多有需要和柔软的意义了，它们的读音也尽可能地涵盖两者。

"儒"为什么读成"rú"呢？其实是暗指乳汁，跟"乳"同音通意，雨水如从天而降的乳汁滋养大地万物。

人需要物质食粮和精神食粮，除了吃喝，更需要文化和精神。"儒"就专门表达了像提供乳汁一样，提供只有"人"才能具有的一种文化精神。为人提供所需的文化食粮，这就是儒者。

"孺"读音为"rú"，以子做旁表示跟小孩子有关。小孩子需要乳汁，有个成语"妇孺皆知"，就是指妇女和儿童都知道。鲁迅先生的名句"俯首甘为孺子牛"，孺子牛是小孩子（孺子）都可以使唤的牛，表达了先生心甘情愿为人民大众服务，无私奉献。

我们今天都道是鲁迅先生写的"孺子牛"，其实"孺子牛"三字出于《左传·哀公六年》中记载的一个典故：

齐国景公有一个庶子名叫荼，齐景公非常疼爱他。有一次齐景公和荼在一起嬉戏，齐景

孺子牛

公作为一国之君竟然口里衔根绳子，让荼牵着走。不料，小子不慎跌倒把齐景公的牙齿拉折了。后来，齐景公临死前遗命立荼为国君。景公死后，陈僖子要立公子阳生。齐景公的大臣鲍牧对陈僖子说："汝忘君之为孺子牛而折其齿乎？"所以，最早"孺子牛"的原意是表示父母对子女的过分疼爱。

今日的父母为了儿女的幸福之操劳更是如牛如马。"孺"就表示儿童、小孩子，所以用子做旁，力气小且身体柔软，需要母亲的乳汁和父亲的爱护，所以用"需"来表示读音。

"孺"字仅仅是说了孩子，"儒"则表示了大人。在历史上，中国文化的"儒家"是做什么的呢？从儒家的整个发展来看，儒家文化是中国历史上，乃至今日的大思潮。儒家最早并不是我们今天所给的定义，不是专指孔子一类的思想家，"儒"最早是指人类生活当中专门做文化事业的人，或从事思想文化的一个职业，后来逐渐发展成了一个文化学派的代名词，自成一家被称为"儒家"。

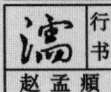

"濡"字念"rú"，是指唾沫、唾液，唾液跟水有关，所以"氵"旁。成语"相濡以沫"，出于《庄子·大宗师》："泉涸，鱼相与处于陆，相呴以湿，相濡以沫……"寓意当人们同处困难的环境中，用微薄的力量互相帮助。"相濡以沫"就是在困境中相互用唾液来湿润彼此的嘴唇，今泛指相互关爱。

人们生活当中为什么口里要不断地产生唾液呢？因为这是生命的需要。说话嘴干了，要分泌唾液来湿润，如果一个人唾液充分，那么这人一定身体很强壮，相反口腔总是干渴的人，一定有疾病，身体不好。

"懦"改变读音念"nuò"，是受了软弱的"弱"字影响，有了变音。

"懦"字加了"忄"旁，说明与人的心理有关，表示懦弱。有的人性情刚烈硬直，有的人性情娇柔软弱，"懦"就表示一个人的心理是软弱的，不是很刚烈。

"糯"同上念"nuò"，这显然说的是一种米，南方的大米分两种，一种叫糯米，一种叫粳米，加米字旁都表示跟米有关。这两种米，右边一个是"需"，一个是"更"，指明了一种是软米，一种是硬米，此处的"更"是软硬的"硬"的省略。糯米是软的，煮出来的大米饭软而粘，这叫糯米；如果硬而粘又有劲道，则为粳米。

以上这些，就是用"需"字再造的一些字，它的读音有所变化，但字形没有变。这正是因为字形真正代表了意义，且是不变的。所以，众多汉字中，当你把家族的"首字"真正知道

懦
小篆 说文心部
隶书 蝥道人
行书 柳天宠

糯
小篆 篆典禾部
隶书 蝥道人
草书 祝允明

了以后，那么用这个形状来作读音的字，则遵循"音变而形不变，形不变其意义不变"的原则。

双法字理识字法中讲识字的时候，主张对"文部"的字要"单字看图"，就是让人们彻底知道"文"是怎么来。看了图认了文，就可以去识文后面所造的一群字了。"字"一定是按族，一个家族一个家族不断繁衍的，这就是"群字分族"。如，看图识"雨"，进而由雨字所造的字不断延伸，并加以分类，这就是"群字分族"——"需字家族"。

雨字家族的字大体上如开始所列表的那样，先分两大类：一是作声音符号的，如：需，与雨同韵，需又再造许多字。二是作意义符号的，如扁、漏，以及雪、霜、露、雷、雹等，这一类的字又可分两种：一种只作意符，没有其他部件作音符，如漏字，另一种则是大量的"雨"字作意义相关的归类符号，另外的部件都是声音符号。

在按"家族"识字中，对一些大家族的字，一定要有总体概念，这样就便于整体记忆。在整体系统地识字时，量可以大，质可以高，而且省时省力。我们要运用"系统"的力量。

2. 雨→屚、漏

这个"漏"字，我们前面简单介绍了几句，现在再做一些补充。

"漏"字最早写作"屚"，你会发现它一开始并没有左边的三点水（氵），上边也并不是尸体的"尸"，而是房屋的"屋"的省写。南北方的房子有所区别，在南方有一个习惯，隔个两三年就在屋顶上面再铺一层稻草，或把原有的芦草更换一下，铺上一层一层新的，以防漏雨。北方多为平顶房，是用黄泥铺在屋顶上，每两三年上一次泥，也不会漏雨。家庭拮据者，没有能力经常修整屋顶，时间长了就会漏水，外面下大雨，里面还在滴水，成了下小雨，这就是房屋里漏雨的"屚"。雨字底，依然能够说明与下雨有关，小篆时划分归类，加了水字作旁（氵）。

此外，我们还要认识一点，那就是"漏"字最早不仅是屋顶漏雨水，还指古代一种计时器——漏刻。古代计时不像今天有表，那过去计时怎么办？古人很有智慧，他们有两种办法：一种就是立竿见影，在太阳底下立一个竿子，看太阳运动时的影子来测时间，后来有专门的一个器具叫日晷，但它不是很精确；还有一种办法比较精确，就是漏刻，有水漏、沙漏两种。人们在房屋里面放有一种器械，有的用水，有的用沙，这个"漏"就是用来滴水流沙的，且容器上有刻度。水漏开始运作时，水一滴一滴

漏

漏　小篆　说文水部

漏　隶书　魏尊号碑

漏　草书　米芾

日晷

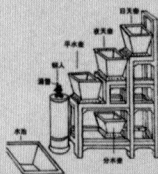

往下滴漏，滴到下面的一个容器里，容器里上头漂着一个小船带个桅杆，这个桅杆上面有一个指针，能指向刻度，滴出来的水慢慢在涨，这刻度就是慢慢在变化，人们反复计算，漏了多少滴，涨了多少个刻度，这就是几时几刻了。

古人后来可以精确地掌握时间，就是根据漏刻的刻度。几千年来，我们中国人讲时间还是经常提到几时几刻。用水滴，用一个容器就把时间测出来了，这是中国古人的一种智慧，值得我们骄傲。这个装置就叫漏，用水测量的叫水漏，改成沙子的叫沙漏。

当"漏"字不带三点水时为"扄"，本就指房屋里落下雨水。加有三点水的"漏"，指放在屋子里的沙漏或水漏装置的计时器。古文字最早并没有区分两者，统一为"扄"，后来人们为了区别清楚，就加上三点水分离出了水漏、沙漏。今天，古代测时间的这种漏刻装置已经很难看到了，而房屋漏雨、漏水还很常见。现在因建筑质量不合格而漏水的楼房经常被曝光，所以"漏"字今天又为"漏雨"这个词所用。简化整理汉字时抹去了"扄"字，只用一个"漏"字。它俩既可以做一对古今字，又可以作为一组分化字。至于"漏"字的读音是怎么来的，大概是模仿漏水时的"咕喽"声而读成了"lòu"。

因为"扄""漏"两个字，引出了古代计

时的概念和技术。这里顺便把古代计时技术也捎带几句。

人类最早计时主要是测日影，甲骨文就有了圭表的记载。《诗经·国风·定之方中》："定之方中，作于楚宫。揆之以日，作于楚室……"。

如遇阴雨天气，或者夜晚，圭表就不能用，这就发明了漏壶、沙漏、油灯和蜡烛等计时方法。

刻漏又叫漏刻、漏壶。分泄水，受水两类。因为受干、温、冷、热等环境影响，刻漏度数而有所不同，人们在白天参照日晷、晚上参照星宿核对。可见人们那时已开始认识到水温、空气的冷暖对刻漏计的精度有影响。

沙漏是为了防止水的结冰，蒸发而改换的材料，沙子相对受影响较小。但沙子摩擦力大，也有不足，这才有后来的机械计时，以至到今天的电子计时。

第三章 天象（电雷火）

　　天体、天气部分我们都讲了，接下来我们了解一下天象，在这一组也有三个字"电"、"雷"、"火"。"电"与"雷"都是自然现象中比较常见的，也组了许多字。随后的"火"，是一个大家族。生活离不开火，人从动物分化出来，其中一个重要的条件就是火具的发明和使用。

第一节　电字大家族

闪电—电

立闪—申

电，首先指的是闪电，大自然中打雷闪电是常有的事情，其引发的火灾也不在少数，它们都是来自于天上。"电"自己构成一个家族，打雷闪电本来是一体产生的，仅仅是我们感官所接受到的顺序有先后而已。我们眼睛先看到闪电，而后再听到雷声，因为光速比音速要快。所以，我们也先讲"电字家族"。

我们要说清"电"字，那就要看看真实的闪电，中国古人把它分成两种，一种是一般的闪电，弯弯曲曲；一种是打的立闪，也叫竖闪，笔直的一道，这种"立闪"（或"竖闪"）并不常见。但出现以后往往有奇异现象发生，如劈开树木，击中人或动物。古人难以理解，以为这是神灵显现。比如炸雷的声音咔嚓一声，从上到下，竖立的一个闪电，就是"神力"。闪电既然分为两种，造字也就是两个："电"与"申"。

我们先看一般闪电的"电"字。

一、 电字家族

电变化图	甲骨	金文	小篆	隶书	楷书	简化
	𝌆	電	電	電	電	电

"电"字，我们讲文的时候已经说过了，甲骨文画的非常像闪电的形象，但是如果孤立来看，也很难判断是个什么，所以在金文当中怕表达不清，就加上雨字头，写为"電"，说明它是跟下雨有关的，让人们能想到下雨的时候就有打雷闪电，给了这个提示马上知道这就是"电"字。

小篆时，上面是雨字头没有变化，下面的"电"有一个重大的变化，它两边像两只手抓着一个中间弯曲的东西，那是闪电弯曲的形象。为什么变成两个手？这就要说到立闪的"申"字，"电"与"申"关系密切，但又有不同，我们稍后解释。

随后到了隶书，为了书写方便，上面的雨就没变，下面仍旧不失弯曲的现象。到了楷书，就又有了加上雨字头的"電"。简化的时候说，既然甲骨文一开始就没有雨，简化自然能简单就好，干脆去掉雨字头算了，就有了今天简化字的"电"字。

古人从金文开始，就对电字加入了较为丰

富的文化。如今的"电"与其甲骨文字形，才是真正闪电的形象，是原始的认识。

"电"字中间像一个日字，闪电的光不正是像太阳光那么亮吗？闪电一现就亮得像白天一样，像日光一样，所以中间逐渐变体成了一个日字，人们有意无意间把这些联系在了一起，使它有着更深一层的文化意义。所以说中国的文字，它千变万化，但都离不开人的文化。它虽是一个不变的符号，但却有着无限的内涵，绝不是一个死而僵化的符号。

中国的汉字，如果其中的一些文化你不了解，其中的一些现象你没见过，你就不知道古人为什么这样造这个字，它是自然现象和古人对它的一种文化理解，在当时这是一种很先进的思维模式。

"电字家族"略微有些特别，"电"字和"申"字在小篆时开始分开，弯曲的"电"字一般表示闪电，直立的"申"则表示神灵，表示天神。到了隶书，它们还有区别，隶书中"電"字，加了雨字头，"申"字不变，从小篆区别开以后，它们就走上两条路。"电"表示一般的雷电、闪电，"申"仍旧是电，侧重立闪所体现的神灵或神性的审判。这是两者的区别。

用"电"字再造的字，就只有"奄"字，再由"奄"字领头，形成"奄"字家族。

用"申"字再造的字，侧重于直上直下的伸展性，以及寓意的神仙、神灵等。

電	申
甲骨文 藏龟·163	甲骨文 前8·4
金文 番生敦	金书 丙申角
小篆 说文雨部	小篆 说文申部

电→奄、淹、掩、腌、俺

用"电"再造字，最常见的是"奄"，后由"奄"字带领，又再造了很多常用字。

"奄"是电字再造的唯一字，上面是个大，下面是个电，是个音意字，读音为"yān"，与"电"的"an"韵相同，所以是用"电"作为声音符号。上面"大"字是表意符号，大的东西在上面是覆盖的意思。一个闪电，能把天一下子照亮，你想想它大不大呢！所以"奄"字本身是覆盖的意思，后引申为遮掩。"奄"字还造了一些字，都有覆盖的意思。

另外闪电打闪是一下一下的，忽闪忽闪的，所以我们还常用一个词组"奄奄一息"，就是人快死时，气息一会紧一会慢，像打闪一样。

下面我们介绍几个由"奄"组成的字：淹没的"淹"、遮掩的"掩"、腌肉的"腌"、俺们的"俺"。

"淹"为"奄"加上三点水（氵），表示用水把物体覆盖住，这就是淹没的"淹"。

这个小小的三点水能有多大呢？它能够大到把大地都淹没了，这自然就是洪水。无论是中国上古的神话传说，还是西方圣经的传说都记载过一场曾经淹没了大地的洪荒年代。

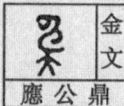

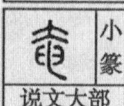

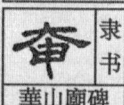

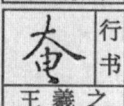

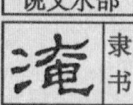

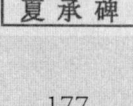

奄
金文 虡公鼎
小篆 说文大部
隶书 華山廟碑
行书 王羲之

淹
小篆 说文水部
隶书 夏承碑

　　"掩"为"奄"加上一个提手（扌），说明是用手把物体遮盖住，用手护住，这就是掩护、遮掩的"掩"。奄是闪电把天下万物照亮，即用光明遮掩住大地，所以，我们也可以把"奄"与"淹、掩"当成古今字或分化字。

　　"腌"为"奄"加上一个肉月旁（月），是腌肉的"腌"。用手在肉上抹盐，把肉掩埋住。巧合的是，"腌"又与咸盐的"盐"同声。当然也可以看成"腌"是用"淹"作声音符号，盐水把被腌的肉类、菜类淹没了，所以叫腌肉、腌咸菜。"腌"字右边是"淹"字的省略。

　　"俺"为"奄"加了一个单人旁（亻），在北方的方言常说"俺们"一词，是指覆盖"我们这边"的一个概念。因为只用在表示人的方面（不能代表物），所以，加"人字旁"进一步分类，表明"包掩"之意。

二、申字家族

闪电的另一种形象为炸雷时的竖闪，有的地方叫立闪。甲骨文中"申"与"电"是一个字，没有区别。金文时两者下半部是一样，可见在初期古人对两者就开始作些区别。小篆就非常清晰了，这不是一般弯曲的闪电，而是竖直的立闪为申。弯曲的闪电在雨中为"電"，雷雨交加。"申"没有雨字头，是不是就跟雨没有关系呢？并不是没有关系，而是重点说的不是雨，是为了强调这种闪电，因为古人认为"申"具有神性。

申变化图	甲骨	金文	小篆	隶书	楷书
	𝄡	己	㘴	申	申

我研究汉字的时候，遇到过一件有趣的事情，就跟这个"申"字有关。

十几年以前，我和一些朋友一块去东陵，因为他们想写一些关于康熙大帝的作品，于是结伴就去东陵看看。在路上，我就给他们讲关于古文字中一些造字的奥秘，其中就说到了"申"字，一路上天气并不好，我们车上有一对是作家夫妻，还有一位我的朋友和一位开车的好友，大家都是文化人。我讲字的时候，他们光顾着听就走错路了，结果就没有走到东陵的正门，

一下子都快走到遵化了。于是从遵化往回拐，就走到了侧门，那里有两个乾隆妃子的陵墓。在陵园外面修有一处宫殿，修建得跟天安门的样式差不多，门外种有古柏等大古树，并用铁牌编号。车停时准备靠在一棵老树旁，我说不要停这里，眼看就要开始下雨了，容易打雷闪电，这么大的树容易被劈，把车给击中就不好了。于是，换了个地方停好车，我们就开始进门，先过一个"金水桥"，过了金水桥就是大殿，可是还没看清大殿的解说，这时就听到了一个震耳欲聋的雷声，咔的一声巨响。这巨大的雷声使我们所有人当时几乎都窒息了，脑袋瞬间什么都不知道了。这就是打了个炸雷，打了一个立闪。

我缓过神来就顺着雷声往外一看，刚才我们准备停车的那棵大柏树上还有一缕青烟，似有一股青烟从树身上冒了出来，就像炮弹，像炸药爆炸一样。于是我们大伙就连忙跑过去看那棵树，苍天啊！一棵大树，树身上的两边大体上各有宽度大约一厘米，深度大约一厘米的印痕，外面黔黑的树皮被划开了，里面白白的木质部分露了出来，印痕中间从树根一直延伸到树的主干顶上，长长两道划痕。这是我们亲眼看到的立闪电击以后的样子。过去听老人说打雷的立闪是劈那些不孝顺的人，劈什么蜘蛛精、狐狸精等，老百姓讲的坏人，这是神灵的裁决。当时看到这树，竟然就像龙的爪子在树身上抓了一下似的，树两侧的印痕非常整齐，顺着树木纹理走，但是有一段没有了，那部分没有划开。细细一看，原来那里还有个钉子，这应该是挂古树编号的铁牌用的，于是我们就开始找，果然在大概十几米外找到了那个铁牌。

这本是正常电击的现象，电流在树上传递，它的传递速度和金属上的传递速度是不一致的，所以遇到铁牌时传导速度不均必然产生崩击，就把铁牌打到一边了。所以雷击现象不是迷信，是很常见的一个自然现象，但古人并不知道这些。古人见到这些痕迹，划的像这个爪印，认为那是龙的爪子抓过的，是显神了。所以造字的时候，两边像两个爪子，把痕迹拉直，就是"申"字。小篆的形体原来也是有依据的，不是文字学家空想画出来的。

"申"字在今天有两个意义，一个是伸直伸展，一个是表示申述，但在最初"申"字指向"神灵"。当人们有什么冤情时，可以申说、申请，向谁申说呢？就是向神灵述说或者祈祷，并得到神灵的指示。所以这个"申"字最早就是神仙、神灵的"神"。后来当此字指向诉说这个意思以后，神仙的"神"怎么办？这才再加一个表示敬神的"示"字来区别。"示"字是个敬神用的供桌，这在《文部》已经讲过，加上神桌（示）不就更清楚提示与"神"有关吗！

随后，“申”字又造了其他字。

申字家族	甲骨	金文	小篆	隶书	楷书
					申

伸
神
审
婶

用“申”字再造的字还有一些，例如和珅的“珅”，本是一种玉石；化学元素“砷”古称“砒霜”；“绅”是一条丝带，如绅士，就是腰扎此带之人；“抻”是拉长，等等。限于篇幅，就不一一介绍了，等“穷尽式”识字法讲解时，把“申”字再造的字“一网打尽”。

申➝伸、神、审、婶

"伸"字加了一个单人（亻），是指人身体从上到下的伸展，人身体有时候是弯曲的，有时候就要伸展，这里特别指的是人身体的伸展。当我们累了时，就直立起来伸伸腰，伸伸胳膊，伸伸腿，这就有伸直的意思。

"神"则是加了一个示字旁（礻），表示神灵、神仙的意思。"神"和"申"原来是一个意义，一个字，在逐渐使用中向两个方面发展，申述、申说与神灵进一步区别开，于是人们加上示字旁（礻），示字旁是供桌，供的就是神灵，也有向神灵诉说的意思。

人们向神灵诉说原委以后，神灵就要给以指示即审判，于是有了"审"字。

审判的"审"，现在是个简化字，原本写作"審"，并不是用"申"所造的字，它是指在室内观察仔细辨认。在《文部》中我们讲过"釆"，指野兽的脚印，读音是"biàn"。"審"的意思就是像仔细辨认野兽脚印那样，来辨别案子。如今简化后写成"审"也是有道理的，申诉也是要辩解的。在哪里申诉？古时多在庙堂、官衙等公堂下申述，今天依然如此，上面的"宀"代表房屋。

简体"审"的宝盖头（宀）是个房子，原

本指的就是小房，此处可不是一般的房子了，是指衙门、法院的公堂。在公堂里允许你申说，然后法官把事情曲直搞清，代替神灵给你一个判定的结果，这就是审判。

因为"审"的繁体作"審"，所以这里把"番"字再简单介绍一下。其读音为"fān"，它应归于"釆"字，韵同。二者都与野兽的爪印有关，为野兽留下的足印。"釆"为兽爪行走时的脚趾触地起跃时留下的痕迹，"番"则带有厚大的肉垫（似田字形），驻步停留蓄力。野兽翻土寻食或翻土做窝时后足用力，前爪翻土，故能留下带有肉垫的爪印，这就是"番"。后引申为翻土、翻动的意思，也是最早"翻"的本字。

审判事情必要将事情的前因后果翻来覆去地询问，谨慎分析以便找出前因后果的依据、逻辑上的破绽等，故有"審"。今日简化已成，且表达合理，二者的繁简关系仅仅是取材与表达方式不同罢了。

"审"字清楚了，用"审"再造的字就好解释了。"婶"，是指叔叔的妻子，那叔叔的爱人为什么叫婶子呢？婶子当然是女的，所以是女字旁，为什么要用审判的审来作读音，仅仅是个声音符号吗？

中国的汉字，我多次讲到右边的声音是有意义的，其内涵非常深厚。婶子往往是年轻的女人，在排辈中叔叔一般都年纪小，他娶的媳

妇自然岁数也小。在这我们就要说到另一个
人——嫂子。嫂子的"嫂"右边是个老叟的"叟",
嫂子是哥哥的夫人,哥哥一定是同辈中年纪比
自己大的人,相对他娶的媳妇还能很小吗?所
以"叟"在此处是相对而言的,主要表示尊长
之意。于是年纪相仿的嫂子和婶子就容易混淆,
但是她们绝对不是一个辈份。

在中国古代辈分制是十分严密和完备的,
它是一个家族权力运作的根本,是不能弄混的。
婶子是父辈,嫂子是兄辈,为了避免因年龄上
的相近而混错辈分,那么需要辨审清楚,于是
就有了"婶"字。

所以,中国汉字的声音,跟造字管读音的
部分有着很大的关系,和文化生活也有很大的
关系,除了表声音,也更体现其本质的意义,
且读音有时跟着意义的趋向而稍作变化。这是
婶婶的"婶"。

第二节 雷字大家族

天上的云为地上的气上升所聚，地上的气为天上的云下降所生，故云气是一体的，正所谓"在天为云，在地为气"，云气聚而成雨，则风雨交加，电闪雷鸣。这一系列的现象，我们讲完了"电"，就该讲"雷"了。

人们总是先看到闪电现象，然后才听到雷声，其实雷电本来是一个事物的两种表现，由于人们先看到闪光，再听到雷声，那么看到了闪电就画了闪电形象，可听到的雷声该怎么造出来呢？我们接着来看看"雷字家族"。

"雷"字是一个大家族。关于"雷"字是怎样造出来的，我们在《文部》中已经介绍过，其本字为"畾"。在文部中我们把今天简化的"雷"字归为"文"类，但在字形上面有雨字头，下面一个田字形，由两个文合成。合体为字，独体为文，它貌似不符合我们讲文的范畴。但如果我们看它最早的甲骨文、金文等文字，会发现它本是个"畾"字。

在"畾"到"雷"字的发展过中，加入了古人的主观思维在里面。比方说，我们能听到打雷的声音，但却看不到雷，看不到自然画不出来。但人们能看到闪电，那就先把电字画出来，闪电后面听到雷声，这之间有联系，于是人们画了一个最早的雷——闪电中的火团。

雷
甲骨文
甲·3864

畾变化图	甲骨	金文	小篆	隶书	楷书	简化
			靁	雷	靁	雷

在闪电的文字上加了一些东西，甲骨文中加了两个像口一样的图形，闪电以后是声音，似天神张口怒喊，似巨龙长啸吐出烈焰龙珠，这就是雷。到金文，似口、似火团的雷声进而画成了四个车轮。车辆在行进当中，轮子运动起来发出"轰隆隆"的响声，声似滚雷，做声音符号，车轮滚动的声音和雷声是相似的，且都具有连续性，咕隆咕隆咕隆。画了四个，说明四方都有这个声音，暗示遍布四方，闪电的电光能照亮四方，雷声也能响彻四方。

到了小篆以后，怕不清楚所指何物，于是加上雨，指明是下雨的时候才出现，下面依旧是画了三个像田字一样的轮子，为"靁"。三个车轮表示很多咕隆隆的声音——滚雷声。隶书的时候，为了书写方便，便简写为一个轮子做代表。楷书的时候，认为一个轮子就成了"田"字，有歧义，于是楷书又写成三个。后来，汉字简化时，根据隶书的情况最终确定为今天的"雷"，使它有这样一个由"文"到"字"的变化过程。

雷声不断，故"畾"有累加之意，受其影响又有了"磊、垒"等字，都与堆积叠加有关。重叠的"叠"本体就为"疊"，只是取音有变

疊

疊 隶书 唐扶颂

畾畾 行书 王羲之

187

随了"碟"字。用今天的简化字形说来，貌似层层垒起、叠在一起的碟子。

畾字家族	甲骨	金文	小篆	隶书	楷书	简化
	🜔	🜔	畾	畾	畾	畾

儡	雷靁	累纍 [系]
垒壘	擂 [擂]	螺
	镭鐳	骡騾
	蕾	

"畾"字，其实也是"雷"字，那么用这两个字再造的字，也多读"léi"的声音，跟雷的声音"咕雷"声和特性"又大、又连续"有关。这里我们为了区别，也称"雷"再造的字为"雷字家族"，和"畾"字再造的字为"畾字家族"，共同构成我们要讲的"雷字家族"。

一、雷字家族

雷→擂、镭、蕾

擂台的"擂"则是用"雷"再造的字，加了一个提手旁（扌），仍旧读"lei"音。我们知道在中国古代专门有擂台，它是干什么用的呢？是人们比赛用的，例如比武的时候，两个人在高台上打斗比试，这叫打擂台。

古代擂台比武不是偷着比，而是在公众场合，有专门的主考官，且要在官府申请报备。开始之前，为了使更多人来看比赛，就要擂鼓造势，鼓声巨大像雷声一样，比赛越激烈鼓声越大，如连续不断的打雷声，所以叫"雷台"。因为是武术、拳术的比赛，所以加个手旁，就有了"擂"字，且打擂的人也总是连续不断。同时它还有个异体字，为"擂"。

"镭"是一种化学元素，居里夫人发现了这一元素以后，用她的名字命名。它是在铀当中提炼的，是做原子弹用的，可以爆炸且威力巨大似惊雷，仍旧使用了"雷"的声音和意义。

说来也巧，居里夫人的"里(lǐ)"和汉字的"雷(léi)"都是"l"做声母，而"镭"的拉丁语原意为"放射"。我们中国人为这一外来音造

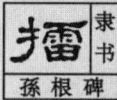

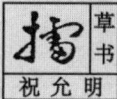

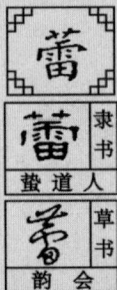

蕾
蕾 隶书
蝥道人 草书
韵 会

花蕾

字时，造了"镭"字，看来它与大自然还是蛮有缘分的，冥冥中表达了"音通意连"的概念。化学元素多为符号，传入中国以后，我们就得为这些化学元素符号命名，其中右边的声音许多都不是纯声音，绝大部分是有意义的，无论是无意巧合还是有意为之，远古的文化信息与内涵依然保留在今天的汉字中，使之不断传承。

花蕾的"蕾"加了一个草字头（艹），还是念"lěi"。花的什么情况叫蕾呢？当花没有开放时，上面的花苞包裹着鼓了起来，就像敲鼓、擂鼓的那个鼓锤，这个时候叫花蕾，俗称花骨朵。它是擂鼓的"擂"省略了"提手"，再加了草字头。

也就是说，"蕾"字是用"艹"表意，用"擂"作读音。只是省略了"擂"字的"扌"，所以用"擂"作读音，就是因为花蕾像擂鼓的鼓锤。省写的目的是为了书写方便和美观。

二、晶字家族

1. 晶→儡、垒

傀儡的"儡"是用"晶"造的字，是用了三个田没带雨字头的"晶"，它本应该配以带雨字头的"靐"，但书写极不方便，还要加个单立人（亻），于是省略用了最早的"晶"字。

这个字常以"傀儡"一词出现，那什么叫傀儡呢？最早时傀是傀，儡是儡，它们并不一样。"傀"字为一个人加一个鬼，是指庙堂的泥胎、泥像，四大天王个头高大魁梧，好像神鬼的样子，所以叫"傀"，是指个体很大。今天，我们参观寺庙的时候，还能看到哼哈二将，其中一个张着大嘴似要发出声音，这叫儡，指声大如雷。传说哼哈二将能鼻哼白烟，口吐利剑斩杀鬼怪。"傀"指个子高大魁梧，"儡"指喊声响亮震天，合到一块叫傀儡，都是庙堂的泥像。

哼哈二将，为明代小说《封神演义》中的神将，是作者陈仲琳根据佛教守护寺庙的两位门神，附会而成的两员神将。其形象威武凶猛，一名郑伦，能鼻哼白气制敌；一名陈奇，能口哈黄气擒将。北京戒台寺三门殿里的哼哈二将高二丈余，体魄雄壮，上身裸露，肌肉饱满，一个张口呼哈，一个闭口怒哼。形象逼真，狰

狞可怖，为较有名的哼哈二将形象。

哼哈二将也叫金刚，是梵文"Vajra"的意译。

佛教中，金刚有"金中最刚"之意，成为牢固、不灭的象征，以其比喻坚固、锐利，能摧毁一切。金刚杵则是佛教中最常见到的兵器或法器，就是韦陀手中的大棒。这是一种古印度原本的兵器，后被佛教借以表示坚利之智，用来断烦恼、伏恶魔的法器。寺庙中护法韦陀手持金刚杵的不同姿势，也代表该寺庙对过往僧侣接待的不同。

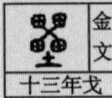

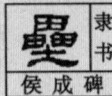

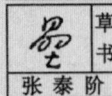

垒墙的"垒"是个简体字，它本身写作"壘"，就是把土块、土坯、砖瓦连续不断地往上放，雷声就有连续不断的意思，它仍旧读"lěi"，垒墙、垒砌，在人们的生活当中使用的比较多。因为人们经常要盖房子，垒猪圈等等，又因其是上下结构，笔画繁多不便，后来根据它的草书形体简写成三角，像一个"厶"字，像用胳膊抬去石块不断叠放。

"厽"其实是"畾"的简写符号且读音不变，"厶"大体上也是"田"的轮廓，于是"壘"简化为"垒"。

韦陀

壘	
壘	金文 十三年戈
壘	小篆 说文土部
壘	隶书 侯成碑
壘	草书 张泰阶

2. 畾➜累、螺、骡

劳累的"累"，现在书写时上面一个田，实际上面原本是三个田的"畾"，也是为了书写方便才把它简化。下面为什么加个"糸"呢？它有连续不断，慢慢渗透的意思，果实累累都是连续不断一点点积累出来的，用以传达这个意思。人们劳作累了也是如此，事情一点一点做，做多了就累了，积劳成疾引申出劳累。如果你的身体感到累了，你一定是连续不断地工作很久，所以用"畾"的声音，像抽丝一样把人的精力一点点抽走，体力慢慢透支，导致最终劳累不堪。

这个字读音为"lei"，与"雷"读音相同，也有连续不断的意思，当表达的意思不同时，音调便相应有所变化，léi 果实累累、lěi 累计、lèi 劳累。随后用"累"再造的字，读音略变，但意思仍暗含"连续"。

螺指的是螺蛳（sī），就是一种有旋转型外壳的水生动物，旋转纹路连续不断的，同时它个头不大，像个小花蕾。后来西方机械学传到中国，带来了机器，其配件上多有金属制成的小部件，就像螺蛳一样，有旋纹能旋转。我们就把它也叫做"螺丝"，只是写法稍有不同。

"骡"为骡马，首先是马字旁，跟马有关，

马

驴

骡

右边也用"累"字表示读音，它们声母相同，韵母相近。"骡"是一种动物，我们有时得明白一些日常生活，才能明白古人造字时的用心良苦。

这个骡子既不是马，也不是驴，它是马和驴杂交生产的后代，人类为什么要用马和驴来杂交呢？因为马有优点也有弱点，驴也是这样，而骡子恰恰取了它俩的优点。

马的优点是跑得特别快，但它的弱点是特别娇气，就是不好饲养，如果养得不好就会得病，就容易死。

古代专门有养马的官员，养马是非常高级的一门技术。姓马的人，就是古代养马的官——马夫君，后以养马的官职被赐传为姓氏，这才有了马姓。马很贵重，一般人家和农户是养不起马的，晚上得有专门的人值班来伺候喂它。正所谓"马不吃夜草不肥"，养马开销很大，所以只有富人家才能养马，一般的农户只养驴。

驴什么都吃，马不吃的它也吃，特别好喂养且不容易闹病，但它跑不快，却善走。驴子个头小，重物驮不了多少，只能拉个磨，或驮个小东西。于是，人们就想把这两种动物的优点集中到一块，就尝试杂交，这就有了骡子。

骡子的个头比驴子大，继承了马的韧性跑得比驴快，饲养上继承了驴的特性，吃东西比较粗但不容易闹病，善长途负重不怕累，就很适合一般人家饲养。归纳起来说，骡子就是一种不怕累的动物，驮着一层层的垒起的货物长途行走。同时，骡子因是两种不同物种的杂交产物，所以它本身不具备繁衍后代的功能，骡子是驴、马两种动物的杂交产物，也有连累两者的意思。

古代在军队当中，征集战马的时候，往往要征一部分骡子来驮东西，驮辎重。在近代战争记录中，我们还常能看到骡子，军队上养马的时候，有马的分队里就有很多骡子，主要是用来驮炮，载重等。同时骡子有两种，凡是马为父，驴是母的叫马骡；凡是驴是父，马是母的就叫驴骡，马骡和驴骡还有区别。中国是个农牧业大国，关于驴马骡的文化还有很多，我们就不在这里多讲了。

第三节　火字大家族

字族我们介绍了不少，字头或字首的概念也明白了，字族的概念也多有体会，这样就能发现汉字是一个庞大的文化传承系统。每一个家族的家长都往下传递一个基因给后边的字族，而这些基因需要今天的我们一个一个去破解。

我们现在来讲天文类的最后一个大家族——"火字家族"。

"火"字在《文部》已经说清了，那么用"火"字再造的字，有兼作声音的，也有只作意义的。一团火在燃烧，"火"字既可以写成现在的样子，也可以变成一个四点的"灬"，随后用它再造的字非常多，我们举例说明一些。

火字家族	甲骨	金文	小篆	隶书1	隶书2	楷书	部首
	凶	山	火	大	灬	火	灬

伙夥　炎　灭滅　　　炎寮　　　灿炊焰煎照
灰　淡　灾災　荧　　　　光　烂烤炬熬熊
恢　氮　光　　　　　　　灯炉焊蒸鱼魚
盔　谈談　晃　　　　　　烦煤烙煮鸟鳥
炭　痰　胱　　　　　　　燃炮炽热马馬
碳　　赤　　　　　灭　　烧烟熄烈杰傑

用火做偏旁的字中，灿烂的"灿"在"山"字族里再讲；灿烂的的"烂"，在"兰"字族里讲，烤火的"烤"，在"考"字族里讲，这些字右边都有声音符号，和之前一样归在各自表声音的字族里。这里我们要讲一部分用"火"字作声音符号来造的字，以及一小部分作意义符号所造的字。

"火"的甲骨文就像熊熊燃烧的一团火，金文下面是火的灰，上面在冒着火苗。小篆比较规整，到了隶书有两种写法，一种写法像个人形，实际是木柴，木柴要支起来才能有助于点火、燃烧，两点为冒出的火苗，人形为木柴上的火形。另外一个写法使字体扁平接近为"灬"，两边仍旧是火星和火苗。随后楷化成今天的样子"火"，而四点的火则用于再造字时所说的火字底（灬），这就是"火"字的变化。

火字所以放在天文类，前面讲过，一是因为许多火是雷电引起的，与雷电有关联，二是天文类的字根数量较少，便于整体分类记忆。

再说，西方文明中，希腊神话，不也是讲"天火"吗！普罗米修斯（Prometheus）违抗宙斯禁令，偷了天火，传到人间。可见东西方文化都把"火"归在一个类里面。

一、火字家族

火→伙、灭、灾

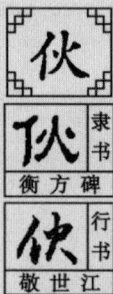

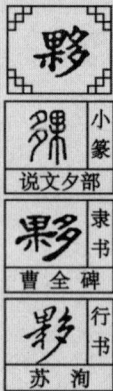

"伙"为一个人加一个火，读音为"huǒ"，它还有个异体字写作"夥"，二者被认为是繁简关系，但其实它们并非繁简。伙伴的"伙"很早就有，我们把二者当成繁简关系是不对的。

"夥"字有多的意思，右边是个多少的"多"，左边是果树的"果"，这个字也念"huǒ"，仅仅指的是东西很多。什么东西多？果实很多，所以由"果"字再造并表读音。

伙伴的"伙"除了"多"之外，侧重在火，在火边做什么呢？炊火做饭，一同相伴用火做饭、吃饭的人称为伙伴、同伙，同一个火堆生活相伴。所以，有时"伙伴"也就写成"火伴"，没有人字旁。但是讲伙伴指的是人，后来加上人字旁的"亻"为"伙"字，在一些古籍当中常有混用。

"同伙"指在同一个火堆上做饭，一起吃饭的人。"伙食"就是大伙一起吃的食物，不是你私自在路上拾或买个东西自己吃，那不叫伙食，大家伙在一块吃的食物才叫伙食。这个"伙"字用"火"字作了读音，用"人"字来区别意义，非常精准、地道。当然，这些都是从原始定义上说的，引申定义则不然。

　　"灭"是个简化字，本身为"滅"，去掉三点水为"烕"，指一把用来灭火的大斧子。这个大斧子用来砍着火的树枝，使它灭亡。人们把着火的部分砍掉，使火不能继续燃烧就是灭，后加三点水表示用水把砍下来着火的部分浇灭。这个字的书写很复杂，所以简化汉字时，有人提议说把火压住不就是灭了吗？于是很早就有人写"灭"替代"滅"。

　　"滅"的简化字"灭"更好更清晰，而它又是繁体字中的一部分，大家也容易接受。

　　今天人们扑灭森林大火时除了用水，也还是常用拍打的办法将火打灭，以便能控制其漫延。且消防柜里也总配有一把消防大斧。

消防斧

　　房子里着了火，这就是火灾的"灾"。古代的灾难多为自然灾害，非火即水。它的繁体字为"災"，上面部分的"巛"是"川"字的变体，指河流，河流拐弯的地方不畅，容易决堤造成了水灾。下头是"火"字，表示火灾。后引申指天灾人祸等。

　　今人简化时不管它是哪个灾，我们就用火灾的"灾"一概而论了。但时至今日，国家每年的防洪、防火工作依然十分艰巨，生活中的个人防范则以火灾为主，防范火把房子点着了，宝盖（宀）是个房子，"灾"就是房子里着火了。

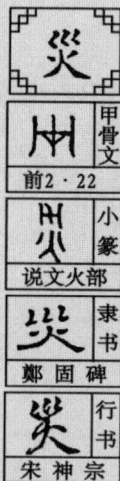

二、灰字家族

灰 金文 惠中鐘
灵 小篆 说文火部
灰 隶书 周公殷记
灰 草书 苏轼

火烧完以后才能有灰，所以"灰"字有一个火，上面是一横和一撇，从古文字来看应该是手，跟"左右"两字一样，分别指左手和右手，例如有没有的"有"，朋友的"友"等，都是一横一撇，一个手的形象。那么这个字是画火，还是画灰呢？不画出火来，没法表示灰，后加了个手的形象。为什么画手的形象呢？难道火用手能拿吗？

火不能拿，但这灰可是能拿的。有句俗话说"抓起灰来比土热"，就说灰是可以用手拿的。"火"燃烧以后，就变成灰了，用手可以拿。"灰"和"火"声母是相同，而韵母不同，有所分别。"火（huo）"与"灰（hui）"读音相似但不准确，也许是古人为区别它们而改，也可能是语音千年传递的口舌之变，汉字中很多读音都略有变化。

古人拿灰做什么呢？是为存火。一开始的火源来自天上，雷鸣闪电引发的山林大火。火能取暖、光照、烤食等，于是人们就想办法保存火种。人类在没有发明钻木取火之前，火源都是以"灰"的形式谨慎保存的。今天的成语"死灰复燃"依然在提醒人们，"灰"与"火"的关系，某种意义上讲"灰"就是一种可以手拿的火。

《史记·韩长儒列传》曾记载："狱吏田甲辱安国。安国曰：'死灰独不复燃乎？'。"这就是"死灰复燃"的出处。

灰→恢、盔、炭、碳

恢复的"恢"，成语"天网恢恢"中用的这个"恢"字，它用"灰"作读音，用竖心旁（忄）来表意，写成"恢"必须对"灰"的两大特点有所认识才能理解，前面说了一个"死灰复燃"；另外，灰到处都是，引申为广大。所以"恢恢"才有宽、大之意。

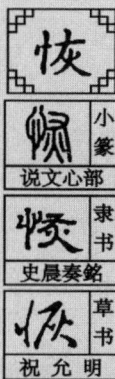

"盔"在今天我们把这个字当头盔来讲。在军队中，士兵头上戴着的防护帽叫钢盔、头盔，实际盔本不是这个意思。它最早的意思是一种器皿，北方人和面时用的。北方人和面一般是在一个小盆里，因为吃的人比较少，但要是吃饭的人多了，要和很多的面，就要用到一种叫盔的专有器皿才可以。这个盔像瓮的那种感觉，很厚、很大，还特别重，但深度较浅。人们使用时拌水和面，黏着的面带不起沉重的盔，这就比较稳当，和起面来就方便很多，这种器皿叫"盔"。所以，"盔"字用"皿"表类，用"灰"兼读音，也暗含灰色瓦器之意。

和面的盔

现在西安还有一种当地的小吃叫"锅盔"，一种很厚的饼，"陕西十大怪"中，有一怪为"烙馍像锅盖"，指的就是锅盔。

后来，"盔"也主要指用来盛放火炭的器皿，就是火盆。因为这种"盔"很厚实，耐高温。这

个盔的使用，南方人不容易见到，北方人尤其是在山西雁北一带，就有用火盆的风俗习惯。在天特别冷的时候，百姓家里没有生火没有暖气，但家里不冷，原来他们炕上放着一个大火盆。这个火盆里并没有火，一个陶器制的大盆里全是灰，你一摸这灰还是温的，原来它是一种煤，这种煤质量非常好，敲一点煤块用火柴就能点着它，它是纯度特别好的碳。人们找几个小炭块点燃以后，再放上煤炭，使可透气就不用管了，它也没有什么烟，自己在灰下燃烧，这种燃烧很慢，就似点香片一样，但能提供一定的温度保障。

当年我第一次见到这个盛火炭的"盔"以后才明白，怪不得古人造字时下面是个器皿的皿，上面一个灰，原来是专门盛火炭的这样一个盆子。

"盔"字是用了"灰"字来作读音的，都是"ui"韵，而下面的"皿"表示类别，它是一种厚大的器皿。

"盔"比较浅，不能太深，不然空气进不去了。但它比较厚、比较重，防止烧坏了。你把这个扣到脑袋上，敲打一下伤不到人，这才又造出了头盔、钢盔。古人作战除了盔，还有甲，身上穿着的叫甲，头上戴着像盛火盔的叫盔，合在一起为军备的"盔甲"。

头盔

"炭"字本应该在"山字家族"中讲，因为它们都是"an"韵，但它字形中"灰"占的比重很大，且与火关系密切，所以我们把它放在"灰字家族"来讲。

炭的本意就是煤炭，更早一些应该是指木炭。木炭大家见过，木炭也像灰，但它一点就能快速燃烧。它是如何烧制的呢？也并不是所有的木柴都能烧木炭，它是一种硬杂木。古人在深山里，挖一个窑洞，把木头放在里面点着，烧到一定程度把窑洞一封，此时氧气就没有了，但里面的高温能让木头碳化到一定的程度，使木质里的水分和杂质挥发殆尽，最后就成了木炭。木炭因其十分干燥和良好的碳化，所以再一遇火就特别容易燃烧，且烟尘很小。

正是因为"炭"是在山里烧的，像灰一样的东西，所以写成"炭"。我们吃火锅还常要用到木炭，但电磁炉的使用逐渐取代炭火了。

唐朝伟大的现实主义诗人白居易的《新乐府》诗篇中，就有一首《卖炭翁》："卖炭翁，伐薪烧炭南山中。满面尘灰烟火色，两鬓苍苍十指黑……"诗人简单的笔墨说明了炭的生产方式。

除了木炭还有煤炭，煤炭真正的名称应叫煤。"煤"指用于生火的媒介，故为煤，后来煤与炭连用，关于炭还有很多制造工艺和种类，如兰花炭、焦炭等。今天合称煤炭，指人们的一种能源。

"碳"是我们发现的化学元素，和炭的性

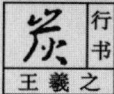

炭

炭 小篆 说文火部

炭 隶书 周公殿记

炭 行书 王羲之

203

质是一样，化学元素我们遇到很多了，它有一个分类标准为金属元素加金字旁，不是金属元素的气体加气字旁，固体加石字旁，碳元素是非金属类的固体，所以加个石字旁，还读"tàn"，主要是用在化学元素上。

碳 **C**
Carbon

　　炭、碳二字很有意思，二者同音、同意、形近。炭主要是指木炭；碳主要是指碳元素。碳元素因为排列结构不同而又分多种东西，其中金刚石与石墨的成分相同，都是碳（C），但形与质却不同，有天壤之别：金刚石最硬，石墨极软。为何？碳元素结构不同使然。这需要展开化学知识，这里我不细述了。不过这两个字可是要用对才行。

三、炎字家族

两个火组字成"炎"，读音为"yán"，火在这里不表示声音，火上还有火那就是大火焰。

有的文字研究者也曾提出另外一个解说，这两个火不完全都是火，认为下面是火，而上面是烈阳如火，下面也烫，上面也烫，这时候才是炎，如赤日炎炎似火烧，这也有道理。

在中国古代神话中就有一位"炎帝"，他曾是上古神农部落末代的一位首领，因以火得名，故称炎帝。后炎帝与黄帝两大部落融合，形成了华夏族。我们都是华夏的子孙，即炎黄子孙。

总之，寓意大火之上还有火，火苗很高，这便是"炎"，不是一般的火，这是大火。"炎"有炎热的意思，用它再造的字都跟"炎"的读音有关，也跟炎热的意思有关。

两个火还可以组成另一个字，是左右结构——炊。

"炎"字在使用中还特别指身体红肿疼痛的症状，叫"发炎"，也是因为有灼热似发烧的感觉。

炎

火火 甲骨文
後上·13

炎 小篆
说文火部

炎 隶书
刘熊碑

炎→淡、氮、谈、痰

淡水的"淡"，淡水是没有味的，加三点水（氵）表示跟水有关，右边写个"炎"字干什么呢？原来淡水的"淡"不是我们今天说的淡水，而是指的开水。

用大火把水烧开了，什么也没有放进去，没有盐、油、菜等，它什么味道都没有，这样的开水叫淡水，后引申为没有咸味，没有什么味的，一般的水都叫了淡水。它的本义是指用火烧开的无味之水，俗话叫"白开水"。

氮气的"氮"，它是"淡"字的省略，属于化学元素中的非金属类，是气体，所以加"气"字。

氮气这种气体无色无味，就跟白开水一样没味儿。最早我们翻译化学元素的时候也没有"氮"字，氮气就是写为"淡气"，后来整理汉字的化学元素符号用字时，统一归类的时候才创造了"氮"，即"淡"字省略的三点水换成气。

民国时期或者解放前的化学类图书，讲到氮气时，我们仍然可以发现，"氮气"写成"淡气"。

谈话不是一般的说话，是两人越说越上瘾，气氛越来越热烈。你也说，我也说，大家都抢着说，就像火越来越旺一样，这种互相加火，越说越热烈，叫"谈"。所以，言字旁的"讠"

甲骨文
後上10·8

小篆
说文水部

隶书
衡方碑

小篆
说文言部

隶书
史晨奏铭

表意，"炎"表读音和越来越热烈的程度，这是谈话的"谈"，指明说话兴头正浓。

　　"痰"是一种病，加了一个病字旁的"疒"。它的读音符号"炎"，实际是"谈"字的省略，人老说话嗓子就有痰，所以说话到一定程度是要休息的，不休息还再说就会上火，说的嗓子都冒烟了。结果嗓子疼，一疼就发炎，发炎就吐痰，所以"痰"跟"谈"是有关系的。人们嗓子发炎有炎症，火气大就容易生痰。把"谈"略去"言"，用"炎"作读音，从字面意义看，这是嗓子发"炎"。所以痰用"炎"作读音，正好符合造字之法。

　　古人造字中，用"炎"字再造的字还有很多，共二十多个，常用的我们先介绍这些。不常用的，将来我们再找机会在"穷尽式识字法"里面深入介绍。

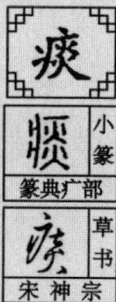

痰
小篆
篆典疒部
疹
草书
宋神宗

四、光字家族

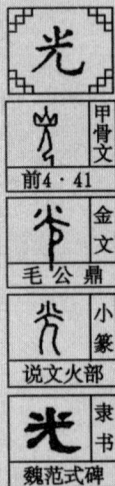

　　"光"字上面是个"火"字的变形，下面一个人，也像一个人托着一个火光。看它的古文字，就是一个人在那儿跪着，头顶上方有个火焰似举着点燃的火把在头顶上方，火放出光来可照明，它是用"火"字再造的。

　　也有人说是，"光"字甲骨文上半部分是"山"，我们通过字形对比，跟"山"也确实很像，但从金文开始，上面部分已然明确为火的形象了。

　　"光"字本义是火光，又引申为什么也没有，如光秃秃、穷光蛋、场光地净等。为什么引申出这个意义？就是因为大火一烧，就什么也没有了。所以，火光也可以引申出什么也没有，进而引申为光滑，光亮等义。

　　"光"本身也造了很多字，被用作声音符号或意义符号。同样，当字形中有明显的其他声音符号时，"光"仅充当了分类指示符号时，则这个字就归于声音部分的家族，如讲"军"字的时候会有光辉的"辉"；讲到野鸡"翟"字的时候会有闪耀的"耀"等。这分别在"军"、"翟"字族中介绍。

光➡晃、胱、赤

晃动的"晃"，上面一个"日"指太阳光，下面是"光"指火光，这两种强光一照，人的眼睛就看不清东西了，眼晕时就有晃动的感觉，眼前到处光闪闪，光线闪动乱晃。视觉的错乱使人失去了平衡感，导致站立不稳，感到摇动。

人们晚上看到星星的光在闪动，当人们看一个发光体的时间长了，都会觉得这光在动，那是因为我们的眼睛疲劳了，所以你感到它在动，其实也是你跟着地球在晃动。

古人用日光和火光合在一块来表示光闪闪的"晃"，且火焰加热了周围的空气，产生气流，也带动了火焰的跳动。

膀胱的"胱"显然是跟肉体有关，所以加了肉月旁。杀猪宰羊时能看到动物的膀胱，那里主要就是盛尿液的。膀胱被尿液撑起来以后表面非常光亮。古代经常用它做灌肠，或是吹成气球给小孩子拿着玩，还能做成"水泡皮"用来封酒坛子。

"胱"是用"光"作读音的，跟肉体有关，取其充涨之后明亮有光泽的特点。

"赤"字，从古文字来看上面是个"大"，下面是个"火"。后来这个"大"字因书写过程中的变形而成了"土"，写作"夫"，而下面的"火"在隶书时也有所变化，成为四点（灬）。

晃
晻 小篆 说文日部
晃 隶书 魏尊號奏
晃 草书 赵孟頫

胱 隶书 蛰道人
胱 行书 李卓武

后汉字规范形体时，才成为今天的"赤"。

"土"经过大火灼烧后是红色的，我们现在能看到红砖，盖房子用的红砖就是被大火烧过的"土"，与之相对比的为青砖。所以"赤"字上面变成"土"，也可能是有意为之。

其实这个"赤"是大火的意思，当一个人在火旁烤火时，满身红热，进而引申出了红颜色的意思。有个成语"赤身裸体"，指身上什么也不穿，为什么叫赤身？因为火一烧就光了，就还有光秃秃的意思。

"赤贫"一词，指穷得什么都没有，似被火烧光了。"赤字"一词，常被用于经济描述中，就指东西没有了，并用红笔写标示，为记账时的特殊提醒，凡是欠的债都用红笔写，就有了"赤字"一词的专用范畴。人们年底结算时，往往遇到这种欠债的事情必然着急上火，脸庞赤红。

"赤"字也还造了一些字，因为不属于常用字，这里从略。

五、灬部家族

"火"字再组字的时候，除了写成火以外，有的时候会变成四点"灬"，有人把它叫作四点水是不恰当的，这个字应该叫四点火，我们举几个字例来解说一下"灬"。

一般说来，"灬"就是"火"字的变形，但有时却不是，是别的"形象"变来的。那"灬"还是"火"吗？还有火的意义联系吗？

例如"鱼"字，它是个简化字，繁体字是四点火的"魚"。既然"灬"是火字变成的，鱼跟火会有什么关系吗？鱼生活在水中，水火不相容，与此相似的还有繁体的马字、鸟字等。它们下面的"灬"显然都是马腿，鸟爪子，怎么也变成"火"（灬）了，这是不是不符合造字规律呢？

我们一起认真来思考一下，古人对这些字的认识和利用，找找其中的缘由。

灬→鱼、鸟、马、杰

中国汉字中，"魚"字下面的四点火是有道理的，鱼在水中游和我们人没有关系，只有你把这鱼捞上来，用火烤熟食用才跟人类有关系，这工夫你才能看得清这个"魚"字。

"魚"字下面是它尾巴的形象，从古文字看也是这样，石文中人们就加入了火的概念，最后的楷化也沿用了这一概念。隶书把它写成四点火，加入了人的主观文化。鱼的尾巴变成四点火，除了表示尾巴，还表示我们吃鱼是要进行蒸、炸、烤、煮等，把它变熟自然离不开"火"。所以，"魚"字的下面变成四点，跟火仍旧是有关的。

"鸟"字繁体为"鳥"，在《文部》中我们已经详细介绍过，从古文字我们来看下面的四点，是鸟的爪子。鸟的爪子有个特点，就是前边这三个大爪，相当于我们人的四个指头，两个爪子抓住树干就画成了四点。从字的形状上来看，它是鸟爪子的形状，但是随后也变成四点火"灬"，仍旧是有一定的道理。

"鳥"字，最早指的就是干雀，也就是我们常说的喜鹊。喜鹊不喜欢潮湿的地方，喜欢干燥，特别是在北方到了冬天，寒冬腊月时，场光地净，此时天气干燥常见到它。且鸟类大部分是候鸟，到天气暖和的时候它才回来，天冷了就走了。例如，燕子、大雁等，都是南来北往，读音与"炎"同，与热有关。所以"鳥"字的形象最后也有四点火，这和它习性有关，喜暖、喜干燥。

与鱼、鸟相似的还有"燕"字。燕子下面既是尾巴的演变，也暗含与炎热有关。天热了燕子才从南方飞来。

然后，我们再说"马"字，其繁体为"馬"。

"馬"的下面四点和"鳥"的四点一样，最早也指马的四个蹄子，这马跟火有关系吗？大家想想，在中国文化中，马寓意什么？十二生肖中"午马未羊"，午是正中午，所以马属火。无论在干支当中，还是在五行里面，午指烈阳正中为火，马归午，所以马为火性，老祖宗做这样的归属一定是有他的道理。

按照中国传统的记载，马肉一般身体不好的人要少吃，吃了马肉是要上火伤身的，身有旧疾者容易引发旧的病症，马肉要少吃，但是驴肉可以多吃。

西汉刘向的《史记·秦本纪》曾记载一篇《秦穆公亡马》，对马属火，也做了分析：

秦穆公亡马，岐下野人得而共食之者三百人。吏逐得欲法之。公曰："君子不以畜害人。吾闻食马肉不饮酒者，伤人。"乃饮之酒。其后，穆公伐晋，三百人者闻穆公为晋所困，椎锋争死，以报食马之德。于是穆公获晋侯以归。

"馬"的四点火，就暗指了马属火的含义。在这中国文化当中，马有很长的历史与文化的叙述，我们就不在这里详述了。因为中国的文字每一点的变化，都有深厚的文化烙印在里面。

馬	
	甲骨文 前4·46
	金文 毛公鼎
	金文 散盘
	石文 石鼓
	小篆 说文马部
馬	隶书 史晨奏铭

傑杰

桀
巢 小篆
说文木部
桀 隶书
雄桀碑

杰出的"杰"，应该讲在木字字族里，人们往往认为"傑"是它的繁体字，实际上也不是，"傑"是"杰"的异体字。

"杰"字目前没有一本书说清这个字。可能造这个字的人当时没有传授其为什么这么造，只是传下了这么用。

我用了很长时间来找答案，后来到了南方，看到了一种树，一种来自澳大利亚的树，后传到中国南方，这种树就是桉树。为什么我们把它叫桉树？这个大家一般不再思考，桉树有个特点就是它的叶子能分泌一种油脂，带有一种气味，这种气味浓郁的时候就跟汽油挥发似的，一旦打雷就极容易着火，整个山林就烧毁了，但也只有桉树能平安存活下来。

桉树自己不会被烧死，只要它的根不坏就还能生长出新的枝干，所以造了"桉"字，专指桉树。但现在，南方已经把它列为一种灾害性的树了。栽种桉树，本以为它能很快生长，结果它带来了很多麻烦，使别的树种存活得很艰辛。这种树能在火中重生，显然有其杰出的本领，所以一个木加一个火为"杰"。那么它的读音怎么来的呢？劫难而来，一场大火必是遭了劫难，但是它仍旧平安再生，在烈火之劫中再生，就表示杰出，劫后重生之木。后来人们把有这种能力的人，指在列国混乱中复国、平乱的人都称为杰出的人才。

"傑"字则归类于桀骜不驯的"桀"字，上面部分为"舛（chuǎn）"，是两只脚登高踩踏的意思，下半部为"木"。从其字形上直观而看，为登上枝头的意思，那此人必身手矫健敏捷，艺高人胆大，鹤立鸡群，进而为"傑"出。后简化汉字，将书写简单的"杰"代替了"傑"。

李乐毅著的《简化汉字》（华语教学出版社 1996 年第一版）专门对"杰"字进行了介绍。"杰"字本来只是一人名用字，最早见于南朝梁陈之间顾野王的《玉篇》："杰，梁四公子名"。《广韵》也有类似的注释，明本张自烈的《正字通》说："杰，今人以为豪傑之傑"。清《康熙字典》："俗借作豪傑，傑字"。

上世纪五十年代整理简化汉字时，有一个异体字整理表，其中把 39 个"习惯看作简化字"的单列出来，其中就有"杰"[傑]。

这些都没回答"杰"字为何用"木""灬"二字合成，读音是怎样来的。我这里作了一次试探性推测，供大家参考，以便能早日发掘出这些常用字的字理、以利教学使用。

傑

金文
叔傑敦

小篆
说文人部

隶书
曹全碑

六、荧字家族

　　"火"作声音符号和作意义符号的常用字除了上面讲的五部分以外，"火字家族"当中还另有较为特殊的一个小家族，今日往往被大家所不认，这就是接下来我们要说的"一团火"。

　　"火"的读音是怎么来的呢？就是火在燃烧时发出"呼呼……"的气流声。古人就模仿下来念成"huǒ"，字形就是火燃烧时的火光。但最早人们见到的"火"绝不是一小堆火而是一大团火，有火自然有光，那么关于火光还有两个字，一个是"荧"，一个是"尞"。

	甲骨	金文	小篆	隶书	楷书	简化
荧变化图		燚	燚	熒	熒	荧

　　"荧"字念"yíng"，上面一个草字头，是今天的简化形体，我们再往前推，其繁体字为"熒"，是它的本字。字形上面是两个火并不是草字头，整个字用了三个火，中间一个秃宝盖的"冖（读 mì，指屋檐、遮蔽）"，合在一起是什么意思呢？

　　我们继续往前看隶书、小篆，字形基本相似。小篆中秃宝盖的"冖"像个门，一个居住的房屋内有火，屋外边还有火，小篆与金文字形依旧相通，里外都有火，这是什么情况，可能是火灾吧？我们前面已经见过"灾"了，火灾已经有了表示它的字，这里还要用这么多火和一个房子来表示吗？古人到底要告诉我们什么呢？其实，就是火光。

"熒"指火光，它指到了晚上房屋里面有火光影影焯焯，光从屋里透了出来，远处看去光闪闪，房顶上的烟囱和墙上的窗户都透出亮光来。这光不是如赤般的大火，也没有特大的火焰，仅仅是两三点星星小火，由屋里有灯火透到外面去了。远处看去有光影，屋里屋外都有亮光。古代没有电灯，都是以火取光，所以用火造了这种有光的情景为荧。

汉字简化时根据其草书形体，将上面的两个火（炏）改为草字头（艹），所以，"熒"就简化为"荧"。荧字也造了一串字，基本也都念"yíng"，或者韵相同。

两个火（炏）改为草字头（艹），那是后面所作的简化，毕竟一个火字要四笔，两个就八笔，书写过于繁琐，所以简化的时候根据其草书的形态，就把这四个点干脆变成一横，两个火字变成了"艹"，这样三笔就简单了很多。人们一开始简化的目的，完全是为了书写简单方便，从繁多的八笔当中减去五笔。这与今天人们简化汉字的目的绝不相同。

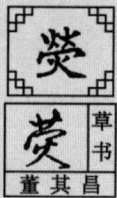

荧字家族	甲骨	金文	小篆	隶书	楷书	简化
		熒	熒	熒	熒	荧

荧熒　劳勞
萤螢　捞撈
营營　涝澇
荣榮

萤
篝
篝典虫部
小篆
隶书
蝥道人
草书
苏轼

車胤囊萤

1. 荧→萤、营、荣、茔

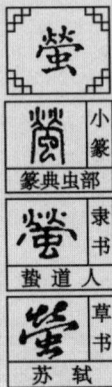

古人造了"萤"字，指一种小昆虫，一种能发光的小虫。"荧"是指的房屋里点着火，灯火通明把屋外也照得闪亮，门窗随风扇动使火光一闪一闪的似光的影子。大自然中也有这么一种神奇的小昆虫，在晚上它飞在空中自己能发光亮，这就是萤火虫。夜间飞行的萤火虫就像一个光点一闪一闪的。

中国古代还有一个关于萤火虫与读书之间的故事——"囊萤夜读"：

胤恭勤不倦，博学多通。家贫，不常得油。夏月，则练囊盛数十萤火以照书，以夜继日焉。

解说：车胤是东晋的大臣。儿时，常常无钱买油点灯夜读。他白天耕作，晚上读书。一个夏天的晚上，他正坐在院子里摸黑背书，见到许多萤火虫在空中飞舞，像许多小灯在夜空中闪动，心中不由一亮。他立刻捉住一些萤火虫，把它们装在一个白纱布的袋中，萤光透射出来供其读书。车胤在夏天每夜就用此方法读书，长年累月地日夜苦读，终于使他成了一个很有学问的人，当上一国之重臣。

后人便以"囊萤夜读"来形容家贫但读书刻苦的精神，且终有所成。

"营"多用于军营一词，从古文字来看，下面并不是"吕"字，而是画了一串帐篷。大家要知道古代作战时，兵营是不熄灯的，帐篷里熄灯

了，外面的守卫还要亮着灯。所以，一个一个连接的帐篷，还有灯光在那闪烁的地方，这就是兵营。兵营里分工明确，有站岗的，有睡觉的，有值班的，可以彻夜运作，一旦有情况随时可以启动运作，那么类似这样的运作叫运营、经营。

经营者往往也是在一般老百姓睡觉了，灯也熄了，他们还在闪烁的灯光下安排事务。

"荣"字下面是个木，那一定跟树有关，其实是指荣树，也叫荣花树。这个树开了花，远远望去就像放出光芒一样，它归桐树类。它开的花非常有特点，就像松树的针叶一样，花瓣一根根犹如向外射出的光芒，这为"荣"。花瓣虽是针状，却并不扎手，而是有绒腾腾的手感，于是在读音上受"绒"的影响，变音为"róng"，但仍旧和"荧"一同压在"ng"韵上。

我们现在常用"光荣"一词，光是火光，荣是荣华，合在一起就是光荣。光荣者戴上大红花，骑上高头大马，精神高涨好像要放出光芒一般，聚荣华于一身。

用这"荧"字作声音符号再造的字还有很多，比方说下面一个土字，就是坟茔的"茔"，繁体为"塋"。这里的火指的是鬼火，也就是磷火，坟地里经常有鬼火，星星点点为"茔"——坟茔。为什么会有磷火？那我们要在"粦"字家族里专门讲鬼火一事，以及"粦"字如何而来。

219

2. 荧➡劳、崂、捞、涝

劳动的"劳"下面是个"力","力"和"劳"同"1"声，本应该在"力"字家族来讲这个字。因为汉字的数量庞大，家族之间难免相互牵连，百分百的划分界限是不现实的，在大范围内稍有应变也是人之常情。

"劳"字的上半部分和"荧"字的上半部分相同，关系密切，又因其变形较大，所以我们放在"荧"字家族来讲。

在今天，如果让你尝试来造一个字，一看就能体现出你在劳动的意思，你会怎么造呢？想必很难，那古人怎么造呢？劳动就得要用力气，主要是耕作，所以有个"力"字。怎样体现辛劳呢？白天本就是耕作，那是应该的，到了晚上本该休息，却还灯火通明没休止地干活出力，这不就是劳作吗？

劳字仍旧用了"荧"作意义，又加上力量的"力"来体现。"力"表示声音，"荧"表示意义，这样古人就造了这个"劳"字，用它来体现夜间点灯劳动的场景。同时也体现了劳动最光荣。

用"劳"字再造的字也不少。比如：崂山的"崂"，打捞的"捞"和水涝的"涝"，等等。

崂山古代又称牢山、劳山，有海上"第一名山"的美誉。"劳山"最早出自《诗经》"山

劳

金文
师衰敦

小篆
说文力部

隶书
刘熊碑

草书
王羲之

川悠远，维其劳矣"之句，因其位于东海之滨，由中原前去各山，唯独它最远，使人旅途劳累，故称劳山。始皇帝为去东海求仙，前往劳山时，因其劳民伤财而断送了秦之霸业。也因其临近海滨似从海中打捞起的大山，故此得名。无论哪种缘由，"劳山"因指山名，后加山字旁造了"崂"字。

洪水泛滥，淹没了村庄，为了减少损失，人们就要把物资抢救出来，就要用手。日夜抢救不辞辛劳，因用手抓取、捡起，于是加手强调为"捞"。

田地中水灌得多了，若排水不及时就会淹没庄稼，把禾苗淹死，于是人们要辛劳排水保护农田，似在水中打捞禾苗。因此，水灌溉过多，就容易造成水"涝"。

所以，水涝、打捞，都用劳作声音，而提手（扌）和三点水"氵"都作意类符号进行区别。

七、尞字家族

前面讲过，"尞"也是火光，是大火。之前的"焱"字，则侧重火光的闪亮。"尞"则是一个又有火，又有光的字。

尞 变化图	甲骨	金文	小篆	隶书	楷书
	米	尞	燊	尞	尞

我们先看楷体，上部是个"大"，两边各加有一个点，去掉一横就是"火"字，中间一个"日"字，下面好像是个"小"，其实也是"火"字的变形，其隶书、小篆中能清楚地看到下面的"火"。

"尞"字的读音念"liáo"，和"小"都是"ao"韵，它们除了谐声之外，还有一个远的意思。东西远看自然就变得小了，大火远远望去就是一个跳跃的火点。看古文字，其中隶书是从小篆演变过来的，那么小篆上部很清晰的是个火，且冒着火光，下面也是火，中间是个日，表示火光像太阳一样很明亮，同时突出了特别向上的感觉，强调了大火向上升腾的气势，火光简直是冲天赛日。

我们从金文来看，发现造字的初念似乎并不一样了，似乎是一个人跪着，旁边一个旗帜，还点着火。甲骨文字体的下部像是"山"，实际是一片大火的意思，火上面架着木柴，木柴上面的火星乱蹦，说明很多火且燃烧剧烈。古人弄这么一大堆火，到底要说什么呢？原来他们是用大火祭天。古人对神的祭祀就是此法，烧火祭天。火从天上来，烧大火以回应上天的恩赐。

如今人们的祭祀、祭祖都要生火烧物。祭品燃烧而生成烟气上行于天，向天神传达人们的祈福，化成烟灰下行于地，向祖先传达人们的恭敬。当然，人们烧山亦能防止自然火灾殃及周边，后附会避邪镇妖。且古人火耕，亦是烧山。

日本奈良古城的若草山至今保留着"烧山"活动

"尞"为今天"燎"的本字，后加上火字旁，这就是今天燎原的"燎"。同时用它再造的字，都跟用火势燎烧、远观大火有关。

尞字家族	甲骨	金文	小篆	隶书	楷书
	𤎩	𤎭	尞	尞	尞

尞　　　辽遼
燎　　　疗療
潦
缭繚
瞭(了)
僚

1. 尞→燎、潦、撩、缭、瞭、僚

星火燎原的"燎"就是原本的"尞"字，因为"尞"后来造字的时候成了读音符号，为了进一步明确本意，又加火字旁再造了"燎"字。在古代"六书"当中，这种造字法叫"转注法"。

燎原的"燎"所体现的火烧意义更加明显，给人的共鸣性更强，也使"尞"字可以退到读音符号的位置上去。这种现象在汉字当中是普遍现象，如今叫做古今字。它俩的意义是一模一样的，其古文字溯源也是一致的。虽"燎"加注"火"的部分显得有些多余，但可以进一步来说明"尞"的概念，这类的古今字我们以后还要遇到很多。

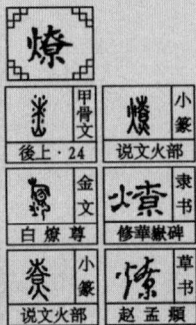

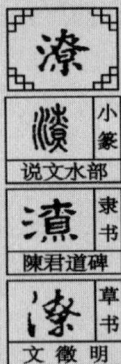

汉字偏旁中除了火还有水，这就是"潦"。大火让人们很难控制，加上风势就到处漫延，像水流一样前行，所以火势大了被称为火海，似水到处泼，到处流，到处漫延。这就有了"潦"字，指水泼洒得到处都是，水流四散漫延开来不受控制。"潦"虽是三点水但仍旧与火焰四散、火势乱象有关。

"潦"指水四散，我们现在常用于"潦草"一词，实际上还要涉及到另一个"撩"字。"撩"为"尞"加个提手，指明是用手撩起，撩什么呢？就是撩水使水泼到地上，水花散得很乱就像杂草一样，所以叫"潦草"。

"缭"字左边是一个绞丝旁。当我们看到火光在燃烧的时候，一定也会看到烟雾升腾，看到火星四溅，烟雾在火的上方随着升起的气流在火焰周围转动，一丝一缕的就像丝线一样跟着火势不断上升和环绕，所以就有了"缭绕"一词。

"缭"和"绕"又有所不同。我们常使用成语"烟雾缭绕"一词，"缭"有升腾扩散之意，"绕"有围绕旋转之意，二者形象地表现出顺火势上升的烟雾，以及云雾的环绕。

"瞭"字是"寮"加上一个目字旁。加"目"就是指跟眼睛有关，瞭望。当火很大了，就不能靠近去看了，古人祭火燎天实际始于放火烧山，就是用大火来祭天，这是一种仪式。火势很大只能远远观望而不可近身，近身容易烧伤自己，只好从远处望去，这就叫"瞭望"。

因"瞭"字也比较繁琐，后来人们就用同音的"了"字代替它。当火灭掉看不见了，"寮"就没了，这为"灭寮"与"灭了"，古人也偷懒用了后者替代。所以，当我们简化汉字的时候，也不想要繁琐的这个字，于是一律都写"了"。

关于"瞭"与"了"还有一个小插曲。简化字实行了一段以后，不久发现这种改换字形是有问题的，"了望"是知了才望，还是未知而向远瞭望呢？容易有歧义，同时有本杂志起名《瞭望》，大家就提出意见来了。一九八六年，国家重新公布简化字字表的时候，就又恢复了一些同音合并的字。规定，凡是往远处看，都写为"瞭望"；凡是明白、懂得的意义仍用"了"，这算是恢复了一些字的部分使用。了解、了然、明了等仍用"了"，不再用"瞭"。

在这，我们再讲一些简化字的常识。

简化字一开始，搞得有些过急，于是使用当中难免有些问题，可是又不能来回改，因为汉字系统庞大，一会改回来一会改过去，就大乱了。为妥善起见，就采取了另外一个折中的办法，重新公布简化字表，把原来认为简化不当的字，我们又承认并在新表里又公布了。比方说啰嗦的"啰"，原本"啰"字是不要了，就用"罗"代替，可是使用中发现，姓名中姓"罗"的人就觉得很别扭，使用中人们心理上有排斥，后来我们承认还是应该加上口。这是一种摸索中变通的办法，也是学术与技术的差别。

我们此次讲说汉字，主要就是从技术的方面做汉字普及，而非学术讨论和公布。

官僚、幕僚的"僚"，右边是火烧一片的"寮"，也是"瞭"的省写，左边加上一个人，这就指一片的人，幕后有一片人帮你瞭望，在那给出主意，给谁出主意呢？自然是当官的。当官的人，身后都有一帮参谋干事跟那儿站着，初为门客，正式以后就是幕僚，也称官僚。

当官的人坐在前面，背后的帷幕后站着一帮人帮你听着，完了给你出主意，你就知道该

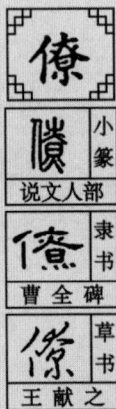

怎么办这件事了。幕后有这么一片的人，高矮胖瘦都有，好坏人都有，意见也是什么都有，因为它们在帷幕后面，所以叫幕僚，又因是在当官的人后面，所以也叫官僚。这些人多只能听到当场的解说，并不知道第一线的情况，往往妄加推断，不切实际，这就有了官僚的文化含义，拘泥于陋规琐则、条条框框，没有进取。因与人有关，所以加人字旁写为"僚"。

今天的官僚作风就是沿用了这一形式的弊端。这些幕僚共同服务于同一个官员，彼此之间就是"同僚"。他们总是跟随着官员，所以引申出了"跟随者"的意思，如今天飞机的飞行编队，跟随着长机的飞机，就是"僚机"。

2. 尞➡辽、疗

辽宁省的"辽",加了走之底,表示走了很远的意思,它的本意是辽河。辽河从我们中原文化来看,在东北方很远的地方,在东三省。因地处偏远,所以战事很少,久居安宁,就有辽宁这个地方。因其地处偏远,这使"辽"字有了遥远的意思。另外,古人祭天的时候,也是要走很远路的去放火,在人少的地方祭天,很远很高就离神灵近一些。

因其繁杂难写,书写中"尞"的部分就被同音的"了"字代替,这就是今天简化了的"辽"字。

治疗的"疗",加了个病字旁,这跟病有关。"療"是治病的方法,其中要用到火。什么火呢?把酒点着,然后捧这个火放在身上去擦,治风寒感冒、身体着凉最有效。当你身体因受凉而咳嗽,发冷难受时,用些白酒点着以后,捧着这个火往身上放,然后去擦拭,这个火烧不坏人,当然这一手法需要一定的技术。这样一擦拭,身上一下子就活血了,就痛快了,再喝点姜糖水,感冒就好了。这种治病的方法就是"疗",把火撩到身上擦拭,似火在身上燎原。这不需要打针吃药什么的,仅仅是促进身体机制的加强而已,所以一般用在"疗养"一词上。

感冒发烧,古法多为去头火,因头火上燎

而发烧，需治也是"疗"。所以它有治疗的意思，又有疗养的意思。"疗"和"治"又是不一样的，"治"有三点水，要见到液体，该吃汤药就要吃汤，该动手术就要动手术治内疾。"疗"是去外疾，祛风寒，主休养，可以再了解观望一下病情的发展。且"寮"有长远的含义，如今需要治疗和疗养的病，貌似都不是什么短时间可以治愈的小病。

同样，"邃"和"療"两字生活中也常用，因书写太麻烦，就进行了简化，用"了"替代了字形"寮"的部分，就有了今天的"辽"和"疗"，"了"替掉"寮"仅仅充当读音。

附录：

火文化

　　火文化在世界各地都有，在中国更是历史深远。

　　中国古人点火祭天是为什么呢？这就涉及到中国和世界各民族共同的一个文化认识。我们人类真正的享受大自然，首先是从火的发明或者火的运用开始，这在全世界都是共同的，有了火以后，人们吃的东西可以煮熟，更好消化了，肠胃也不怎么闹病了。所以，火对人类的生存非常重要，那么"火"是哪来的呢？

　　火从天上来的。

　　古人一开始不会有火柴、打火机之类的东西，也不知道钻木取火的方法，他们所能采用的火就是"天火"。所以，中国汉字中我们把"火"字家族放在天文类。这火本就地上燃烧，怎么就放在天文类里？因为火最早的源头在天上，就是雷电击中树木产生火，是从天上来的天火，它的根在天上。这不单单是中国人自有的文化认识，全世界范围内对火文化的认识都是这样。在西方文学中，就专门有从天上盗火的神——"普罗米修斯"。

　　普罗米修斯是希腊神话中的神，名字的意思就是"先见之光明"。众神之王宙斯禁止人类用火，于是普罗米修斯就帮人类从奥林匹斯山盗取了火种，因此触怒宙斯。宙斯将他锁在高加索山的悬崖上，每天派一只鹰去吃他的肝，同时又让他的肝每天重新长上。几千年后，赫拉克勒斯为寻找金苹果来到悬崖边，把恶鹰射死，并让半人马喀戎来代替普罗米修斯。但他必须永远戴一只铁环，环上镶一块高加索山上的石子。"普罗米修斯"如今已成为文化思潮解放的代名词了。

　　中国人要祭天，自然是知道这火是来源于天上，祭天只能帝王进行，以求保佑国势昌盛。但民间百姓也想祭天以求平安，那怎么办呢？于是，在民间就有了一个灶王爷，每年到了腊月二十三，人们就不到地里去了，就在家里祭灶王爷。腊月二十三这天，把灶王爷请出来，举行一个仪式，把旧年的画像揭下来点着，好请灶王爷为百姓"上天言好事"。随后三十那天，我们再把它请下来，"回宫降吉祥"继续供着。灶王爷在这，你天天在这生火做饭，它天天在这瞅着你，以保你平安不发生火灾。它还代表天神来看着你，如果你做了些不当的事，他会跟天神投诉你。所以，人们在腊月二十三这天，还要供上一种糖，这种专门上供的糖是麦芽糖，非常粘。"二十三，糖瓜儿粘"，是粘什么呢？灶王爷吃一点糖就把嘴粘住了，上了天就不乱

说了，表达民间的一种生活风趣。

这些看似荒诞的风俗，其实是人们一种文化的信仰，一种生活的情调与风俗。所以中国文化是非常实用的生活文化，既有很深的教育意义，也使人感到风味有趣。

还有一种说法，灶王爷就是炎帝。是炎帝教会人们用火，开始熟食，所以被后人封为古帝王，又在锅灶前每天敬拜他。

中西文化在今天看来有很多差异，其本质仅仅是同一事物的不同描述，人们对这一事物却有着似曾相识的共同认识。

在中国"火"的文化中有高大的火神祝融，也有民间风趣的灶王爷，满足不同阶层的精神夙愿。

祝融

火神"祝融"，本名重黎，是中国上古帝王，以火施化，号称赤帝，被后世尊为火神，死后葬衡阳南岳。据《山海经》记载，祝融的居所是南方的尽头衡山，今日五行也以南方为火。他传下火种，教人类使用火的方法，常在高山上奏起悠扬动听、感人肺腑的乐曲，相传名为《九天》，使黎民百姓精神振奋，情绪高昂，对生活充满热爱，是一位受人爱戴的天神。另一说祝融为颛顼帝孙重黎，黄帝赐他姓"祝融氏"，且他善于用火。在今天"祝融"已成为火的代名词。祝融死后，葬在南岳衡山之阳，后人为了纪念他，就把南岳最高峰称为祝融峰。

中国古人祭天点火，是表达了一种与火的和谐关系，感恩于火。因为火的发现和使用，对人的生长、生活影响至关重要，一直到今天我们依旧用火取暖做饭，研发科技等。

祭天点火的仪式是古人专门特有的一个仪式，如今我们已经失传很久，它如今仅仅作为一种文化符号而存在了。

《双法字理》丛书简介

《双法字理》丛书，一部讲述汉字文化根源的科普图书，是汉字专家白双法老师多年来汉字文化研究的精髓。全套共九辑，分三大部分——"理部"一辑，"文部"一辑，"字部"七辑。

第一辑 理部 "理通则法随"。开篇即提出不能用"文字是记录语言（语音）的符号"这一理论来衡量汉字。汉字是能直接表达语意的，所以我们要"说理的识字法"，讲清楚为什么这么造，识字同时明理。随后作者阐述了不同于前人"六书说"的"双法造字法"——形意造字法和音意造字法；把握汉字本质并方便教学的"汉字家族"概念；不同于"字本位"、"词本位"的"文中心"观点；可帮助建立空间感（空灵感）的"七字根"理论。

第二辑 文部 "独体为文"。本辑介绍"文中心"与"七字根"。我们说汉语有文、字、词三层次，词是不计其数的，字的总数其中一说也有八万多，然而文是有数的。据"双法字理"研究，文有九十九对（组），又可归为七大类。它们以七字根——人、日、山、木、龙、工、一为代表，以人为中心，在其上、下、左、右、前、后形成人体、天文、地理、植物、动物、器物、符号七大类，总数不超过三百。它们能造出成千上万的字，组成不计其数的词，绘就丰富多彩的大千世界。

第三～九辑 字部 "群字分族"。汉字王国虽庞大，但它们是以七字根为族长相聚成族的，在这七大家族之下还会根据家族成员的不同以及形意、音意双法造字的形式再分成一个个小家族，这就是庞大的汉字王国所蕴藏的文化奥秘。如学习"土"字家族的"杜"、"牡"、"吐"、"肚"等字，作者先让我们知道它们属于"地理→平地→土"这一家族，然后寻根溯源，让我们明白字理："杜"原指杜树，像土地一样，可嫁接、培植其他植物；"牡"原指公牛，像种子一样，用来繁衍后代。今日看来毫无关联的两个字最初竟都有土地滋生万物的性质。那么，"杜鹃鸟"、"杜鹃花"跟"杜"又有何关联？"牡丹花"难道是专指雄性的花吗？"吐""肚"为什么又都是多音字，有何区别呢？它们背后都有着丰富的中国文化内涵，等着我们去阅读、去探寻。这样分类又串联，讲理又讲故事的识字方式，不但能让孩子在短时间内系统地识记更多汉字，而且能有效辨析相似汉字的音、形、意，可少写、不写错字、别字；也可让成人乐在其中，与孩子一起认识这个有日月星辰、花草树木、鸟兽虫鱼的美妙世界，唤醒大脑中的古老记忆，开启智慧。

　　丛书如一位智慧的长者讲述着一个又一个"汉字家族"的故事。《双法字理》能解决"汉字难"的问题，这不仅是国人的福祉，也能让世界华裔、各国友人快乐学汉语、轻松识汉字。我们甚或可期待基于此理论提出的"世界文"、"世界语"的产生！

第一辑 理部

第二辑 文部

第三辑 字部·天文

第四辑 字部·地理

第五辑 字部·植物

第六辑 字部·动物

第七辑 字部·人体

注：《双法字理》
第八辑·字部·工具
第九辑·字部·符号
将陆续出版，敬请期待。

《双法字理》系列丛书
作　　者：白双法
出　　版：光明日报出版社
1-7辑总价：310元